aprenda INGLÊS num piscar de olhos

Fabiana Lara
Criadora do curso Master Fluency

aprenda INGLÊS num piscar de olhos

ESTRATÉGIAS, DICAS E TRUQUES PARA ACELERAR SEU INGLÊS

ALTA BOOKS
EDITORA
Rio de Janeiro, 2018

Aprenda Inglês num Piscar de Olhos — Estratégias, Dicas e Truques Para Acelerar Seu Inglês

 ISBN: 978-85-508-0265-7

Impresso no Brasil — 2018 — Edição revisada conforme o Acordo Ortográfico da Língua Portuguesa de 2009.

Publique seu livro com a Alta Books. Para mais informações envie um e-mail para autoria@altabooks.com.br

Obra disponível para venda corporativa e/ou personalizada. Para mais informações, fale com projetos@altabooks.com.br

Produção Editorial
Editora Alta Books

Produtor Editorial
Thiê Alves

Gerência Editorial
Anderson Vieira

Assistente Editorial
Illysabelle Trajano

Produtor Editorial (Design)
Aurélio Corrêa

Editor de Aquisição
José Rugeri
j.rugeri@altabooks.com.br

Marketing Editorial
Silas Amaro
marketing@altabooks.com.br

Ouvidoria
ouvidoria@altabooks.com.br

Vendas Atacado e Varejo
Daniele Fonseca
Viviane Paiva
comercial@altabooks.com.br

Equipe Editorial
Bianca Teodoro
Ian Verçosa
Juliana de Oliveira
Renan Castro

Revisão Gramatical
Franciane Freitas
Alessandro Thomé

Layout/Diagramação
Amanda Meirinho

Capa
Aurélio Corrêa

Erratas e arquivos de apoio: No site da editora relatamos, com a devida correção, qualquer erro encontrado em nossos livros, bem como disponibilizamos arquivos de apoio se aplicáveis à obra em questão.

Acesse o site www.altabooks.com.br e procure pelo título do livro desejado para ter acesso às erratas, aos arquivos de apoio e/ou a outros conteúdos aplicáveis à obra.

Suporte Técnico: A obra é comercializada na forma em que está, sem direito a suporte técnico ou orientação pessoal/exclusiva ao leitor.

A editora não se responsabiliza pela manutenção, atualização e idioma dos sites referidos pelos autores nesta obra.

Dados Internacionais de Catalogação na Publicação (CIP) de acordo com ISBD

L318a Lara, Fabiana

Aprenda inglês num piscar de olhos: estratégias, dicas e truques para Acelerar seu inglês / Fabiana Lara. - Rio de Janeiro : Alta Books, 2018.
288 p. ; 17cm x 24cm.

ISBN: 978-85-508-0265-7

1. Línguas. 2. Idioma. 3. Inglês. I. Título.

2018-103
CDD 425
CDU 811.111

Elaborado por Vagner Rodolfo da Silva - CRB-8/9410

Rua Viúva Cláudio, 291 — Bairro Industrial do Jacaré
CEP: 20970-031 — Rio de Janeiro - RJ
Tels.: (21) 3278-8069 / 3278-8419
www.altabooks.com.br — altabooks@altabooks.com.br
www.facebook.com/altabooks

ALTA BOOKS
EDITORA

Para você, leitor, que bravamente
acredita que vale a pena investir em
seus sonhos.

Sobre a autora

Fabiana Lara é professora de inglês certificada pela Cambridge English com o nível máximo de proficiência falada e escrita. Com mais de 15 anos de vivência no exterior entre Canadá e Reino Unido, é considerada uma das professoras mais influentes do Brasil. Hoje se dedica a levar fluência para adultos brasileiros através de sua metodologia exclusiva Master Fluency.

Agradecimentos

Agradeço ao Rugeri, que me abriu a oportunidade de ter nas prateleiras de todo o Brasil um pouco daquilo que aprendi depois de muitos anos de erros e acertos, pelo apoio entre idas e vindas e pela positividade de sempre, que me motivaram a não desistir de um projeto como este.

Ao meu marido e *partner in crime,* Brian, que respeitou minha necessidade de silêncio durante todo o percurso não somente desta obra, mas também de tantas outras. Por seu compromisso inabalável por mim. Por me oferecer um estoque infinito de paciência e me ensinar a ter um alto padrão para meu trabalho, além de rir de meus erros bobos.

À minha sócia Caroline, uma verdadeira amiga que sempre se alegrou com minhas conquistas e se mostrou compreensiva em todos os momentos em que precisei me ausentar para escrever. Carol, continue a fazer sempre o impossível. É assim que chegaremos lá!

Aos meus pais, que sem querer criaram um ambiente onde a língua inglesa e seu estudo eram parte do meu dia a dia. Onde letras de músicas viravam verdadeiras aulas e dicas de cinco segundos transformavam magicamente a forma de enxergar uma palavra ou outra. Obrigada por serem o exemplo máximo de mestres, guiando centenas de pessoas todos os anos com tamanha sabedoria e amor. O tempo passará, a tinta impressa borrará e o papel em que lhes escrevo será consumido pelo tempo, mas o legado de vocês será eterno.

Agradeço também às minhas irmãs Fernanda e Natália, que até hoje são uma fonte inesgotável de diversão e criatividade.

A Mrs. Davies, que em sua salinha miúda, porém com didática impecável, me ensinou a ler em inglês e a finalmente diferenciar *through, though, thought* e *throughout.*

Prefácio

Depois de passar anos lecionando essa língua maravilhosa que é a língua anglo-saxônica, trago esta obra para encorajá-lo, apresentar ideias e até quebrar paradigmas. O primeiro e imprescindível passo para a conquista da fluência em inglês é acreditar que isso é possível. Além de ser possível, apresento maneiras de estudar que serão divertidas, personalizadas e, acima de tudo, eficientes.

Faça deste livro seu companheiro. Risque e rabisque suas páginas, sublinhe aquilo que mais precisa relembrar e ouse se presentear com deliciosas sessões de aprendizado, nas quais você investe alguns minutos e colhe aquela sensação indescritível de que está progredindo como nunca imaginou. Um homem sábio um dia disse: "A educação é o único investimento que ladrão algum poderá roubar". Ouse experimentar por si mesmo a veracidade dessas palavras, aproveitando ao máximo tudo o que aprenderá nas próximas páginas.

Não desejo a você sorte, pois a sorte não o ajudará em nada quando o processo requer disciplina. Desejo a você bom ânimo para honrar a si mesmo e conquistar seu sonho de aprender inglês.

Sumário

Introdução: What is your "WHY"?

Você provavelmente está lendo este livro por um de dois motivos: primeiro, você decidiu estudar inglês por conta própria, algo que, apesar de ser um pouco difícil, é muito legal e dá para fazer numa boa. Ou, segundo, você já estuda inglês em alguma escola particular e percebeu que duas aulas por semana não são suficientes para aprender bem o inglês num curto período de tempo.

Seja por um motivo, seja por outro, neste livro você conhecerá as melhores estratégias, técnicas e dicas de alguém que já viu milhares de alunos de inglês se aventurando nessa missão que é se tornar fluente no idioma mais importante do mundo.

No Brasil, infelizmente, existem milhões de pessoas que estudam por quatro, cinco, às vezes até oito anos numa escola de inglês e, ao finalizarem o curso, ligam a televisão e não compreendem nada do que está sendo dito em inglês. Viajam aos EUA ou ao Reino Unido e não entendem nem conseguem falar nada em inglês. É uma triste realidade, e talvez seja até a sua!

Seja esse seu caso ou não, esta é sua oportunidade de mudar seu futuro. Você não precisa pagar trinta mil reais (ou às vezes até mais!) para frequentar uma escola de inglês por anos sem, de fato, aprender a língua. Você pode optar por um caminho melhor. Este livro oferece essa chance.

Gostaria de esclarecer, no entanto, que este não é um livro de inglês somente; é um livro também sobre como aprender inglês. É muito fácil ensinar inglês. Pode-se ensinar vocabulário, verbos, frases, pronúncia etc. Na verdade, o que complica as coisas de fato é que você, como aluno, precisa ter uma certa mentalidade preparada para absorver melhor o material. Não adiantará de nada eu ensinar inglês incessantemente e você não apresentar uma mentalidade calibrada para aprendê-lo. Portanto, este livro ensinará a você como aprender inglês. Para que tenha sucesso, preciso que você mantenha a mente aberta para novos conceitos e novas ideias, para explorar técnicas que possam ir ao encontro do seu próprio estilo. Combinado? Com isso em mente, vamos prosseguir.

Aonde você quer chegar?

Para aproveitar ao máximo este livro, você não precisa ter estudado inglês. Você pode estar em qualquer nível básico ou nunca ter tido contato com a língua. Não precisa ser absurdamente inteligente e, com certeza, não precisa ter estudado um livro gigantesco de gramática da língua inglesa — algo que eu mesma nunca precisei fazer, e hoje falo com a mesma fluência que tenho em minha língua materna.

Na verdade, para começar a aprender qualquer língua, você precisa apenas se concentrar nas três áreas de fundamento:

Mentalidade,
Força de vontade e
Método.

Não se preocupe, falarei mais sobre os três fundamentos mais adiante. Na verdade, falarei tanto neles que você ficará craque no assunto e poderá aplicá-los em sua vida.

Agora tenho uma pequena tarefa para você. Pegue um papel e uma caneta (ou abra um documento novo no seu computador) e responda à seguinte pergunta: aonde você quer chegar? Quando pergunto isso, não estou querendo que você responda: *quero ganhar na loteria e me aposentar no Havaí.* É claro que isso seria muito bom (quem não gostaria de ter esse tipo de vida?). Na verdade, me refiro ao seu objetivo ao aprender inglês. Eu, por exemplo, gosto muito de espanhol, e, para mim, aprender espanhol e falar fluentemente significa poder pegar um avião, chegar na Espanha e entender cerca de 95% de tudo que é dito, além de ter confiança na forma como me comunico. Saber que aquilo que eu falo será compreendido e estará correto é muito importante para mim. Esse é meu objetivo ao aprender espanhol. Separe, então, cinco minutinhos agora para escrever apenas uma ou duas frases sobre qual seria seu objetivo ao aprender inglês.

Meu objetivo ao aprender inglês é

Conhecer mais palavras e frases
Learn more words and phrases
Entender textos e músicas
Understand texts and music

Escreveu? Pronto! Agora que você tem um objetivo, precisará traçar um caminho e tomar decisões sobre como alcançá-lo. Não se preocupe, pois faremos isso juntos ao longo deste livro.

ACTION TIME!

Sua lição de casa de hoje é tomar essas frases que você escreveu sobre seu objetivo e colocá-las num lugar bem visível, onde você sempre possa revê-las e se lembrar de onde você quer chegar.

Ferramentas

Espero que você tenha feito a tarefa do parágrafo anterior — escrever uma ou duas frases descrevendo o que significa para você ser fluente em inglês. Imprima e cole essas frases em algum lugar bem visível, para que você se lembre de seu objetivo.

Agora vamos conhecer algumas ferramentas que utilizaremos nos próximos capítulos para acelerar seu aprendizado em inglês e também para que você possa se organizar um pouco nesse processo.

1. **Seu telefone celular**
   Sim! Esse aparelhinho que você usa a todo momento para todo tipo de contato e descoberta será seu maior aliado nesta jornada. Além dos aplicativos mais populares, existe uma função em seu celular que está sendo subutilizada neste exato momento. Ao ignorar essa função, você levará muito mais tempo para afiar seu inglês. Saiba mais sobre essa função especial nos próximos capítulos.

2. **Este livro**
   Faça deste livro seu melhor amigo em seu dia a dia. Leia, releia, rabisque e explore todas as ideias aqui demonstradas para encontrar um programa que seja perfeito para você. Nele você conhecerá dicas simples que desvendarão erros que você vem cometendo há anos e apresentarão macetes para deixar seu inglês cada vez mais polido.

3. **Um caderno (opcional)**
Se você já comparou seu rendimento escrevendo à mão *versus* digitando, vou deixar que você mesmo escolha seu modo predileto. Porém, se desde os tempos de colégio você não experimenta tomar nota e praticar o inglês com papel e caneta, gostaria de sugerir que experimente pelo menos por três dias. No geral, a maioria das pessoas tem um aproveitamento melhor escrevendo palavra por palavra, pelo menos até chegar em um patamar de mais intimidade com a língua e alta capacidade para soletrar em inglês.

4. **Acesso à internet**
Você utilizará o acesso à internet para muitas fases de seu aprendizado. Seja para confirmar uma frase base para exercícios, seja para descobrir o significado ou até a pronúncia de uma palavra ou frase.

A situação é grave

Você sabia que, de acordo com uma pesquisa recente da English First, o Brasil está em 41º lugar em proficiência no inglês, atrás de países como Vietnã, Peru, Ucrânia e Rússia? Isso quer dizer que, se você estuda inglês no Brasil, corre um sério risco de terminar seu curso SEM falar a língua, tendo investido muito e recebido quase nada em troca.

Mas como? Por que existem países mais pobres, menos desenvolvidos e que já estiveram até em guerra contra os Estados Unidos e têm uma população que fala inglês melhor que nós tupiniquins? A resposta vai desde nosso sistema de educação até as mais profundas peculiaridades de nossa cultura. O que você pode fazer, como pessoa, é a sua parte: aprender o idioma, e aprender bem, para que deixemos de ser somente mais um número fadado à lanterninha do ranking mundial.

Para que isso aconteça, você precisa identificar todas as armadilhas que estão te esperando no presente e no futuro. Para as armadilhas do passado, já é tarde demais, então que as utilizemos como ensinamento. Pretendo mostrar neste livro todas as armadilhas que te cercam e como burlá-las para que você tenha resultados rápidos e em um nível melhor do que imagina. Are you ready?

Metodologias

Você já tentou andar de monociclo? É isso mesmo, monociclo, aquela "bicicleta" de uma roda só. Um dia desses eu vi um cara andando de monociclo, e dava para perceber que ele tinha bastante experiência e que para ele era tão fácil como guiar uma bicicleta normal, com duas rodas. Mas... ele deve ter demorado um bom tempo para aprender. Garanto que eu demoraria muito, mas muito tempo para aprender a andar de monociclo. Afinal, uma roda só? Quem foi o louco que inventou isso? Eu consigo aprender muito melhor e mais rápido com uma bicicleta com duas rodas, sem sombra de dúvida, e sinto que você também pensa o mesmo. O monociclo eu uso para ilustrar a metodologia que você está usando agora. Eu digo isso pois, se você realmente quiser, você consegue, sim, aprender inglês com determinação, muito suor, esforço e tempo, mas andar de bicicleta sempre será mais eficaz. Em outras palavras, a metodologia que você utiliza é uma das coisas mais importantes. O "como" é tão importante quanto o "o quê".

Existem várias metodologias das quais você talvez já tenha ouvido falar: tradicional, direta, audiolingual, audiovisual, comunicativa etc. Não quero entrar nessa questão, pois se prender religiosamente a uma forma de ensino sem procurar se adaptar ao que temos acesso hoje em questão de material na língua é, no mínimo, um *approach* preguiçoso. Lembre-se de que cada vez que um especialista te indicar uma "verdade absoluta", ele provavelmente está falando sobre pesquisas feitas há décadas em um ambiente repleto de pessoas testando diferentes formas de aprender, sem levar em consideração quem você é como pessoa. Você tem um histórico, uma genética, interesses específicos e pontos fortes que são difíceis de analisar em um laboratório.

Outra questão é que infelizmente estamos vivendo em um mundo onde o subjetivismo está infiltrado nas escolas, e tudo que era preto ou branco passou a ser cinza. Isso fez com que números fossem deixados de lado, para o bem e para o mal, e "sentimentos" passassem a ser mais importantes. Como imagino que você não seja da área de aquisição de línguas, pintarei um quadro mais explícito para que entenda o que estamos passando. As novas gerações estão sendo instruídas de forma que o aluno é tratado como um rei, sem poder ser contrariado e muito menos disciplinado. Os professores são serventes de alunos e pais, e o processo de aprendizagem passa a ser diluído a tal ponto, que, por medo de sermos muito duros, desperdiçamos uma porção enorme das aulas em atividades "legais", "da moda" e "confortáveis". Não sei por que essa nossa geração decidiu ter tanta aversão à dor, mas minha mensagem é: não há aprendizado sem, de vez em quando, enfrentar um pouco de desconforto. Aprender exige foco, sacrifício, determinação, que são valores raríssimos em nossos alunos hoje, pois não queremos "aborrecê-los". Seja diferente, seja maduro. Saiba que o que importa não é ficar em sua zona de conforto o maior tempo possível, mas, sim, trabalhar para conquistar aquilo que você realmente quer na vida. Chega de colocar energia mediana em uma atividade que pode transformar seus maiores sonhos em realidade. Já dizia Charlie Munger, investidor bilionário:

> "To get what you want, you have to deserve what you want. The world is not yet a crazy enough place to reward a whole bunch of undeserving people."
>
> **Charlie Munger**

Ou seja "Para conseguir o que você quer, você precisa merecer o que você quer. O mundo ainda não é um lugar maluco o suficiente para recompensar um monte de gente que não merece". Portanto, é mais útil se perguntar: qual é a atividade que mais me envolve? Aquela que força meu cérebro a trabalhar, aquela onde vejo meu esforço ser recompensado em pequenos resultados. Brincar é legal, mas não pode ser a única coisa que compõe seu regime de estudos. Senão você estará tentando aprender a guiar um monociclo enquanto os outros aprendem mais rapidamente a andar de bicicleta.

Pré-conceitos

Agora vamos falar um pouco sobre pré-conceitos. Quando falo em *pré--conceito*, não estou falando sobre discriminação. Estou me referindo aos conceitos que já foram firmados em nossa cabeça, às vezes inconscientemente, a respeito de algum assunto e que talvez estejam impedindo que avancemos mais no aprendizado da língua inglesa.
Por exemplo, listei a seguir alguns de meus pré-conceitos sobre o que é necessário para alguém ser um bom jogador de futebol. Ao meu ver, você precisa:

1. Ter habilidade natural.
2. Treinar todos os dias.
3. Fazer embaixadinhas (não sei por que, mas a ideia que vem à minha cabeça é a de que todo bom jogador de futebol faz embaixadinhas).
4. Treinar com alguém que saiba mais do que você.
5. Ter um bom preparo físico.
6. Conseguir entrar em um bom time.

Será que esses pré-conceitos são, de fato, coerentes com a vida real? Alguns talvez sejam. Outros provavelmente não. Mas esses são os meus pré-conceitos, são minhas ideias e noções pré-formadas sobre o assunto antes de ter a chance de descobrir o que de fato é necessário para alguém ser um bom jogador de futebol.

Ultimamente tenho pensado muito nesse tema e sobre como, muitas vezes, estamos errados sobre aquilo que consideramos ser essencial para chegar ao nosso objetivo. Muitas vezes criamos certas ideias na cabeça baseadas no que lemos ou ouvimos, e essas ideias nos impedem de progredir, pois criam obstáculos irreais. Se acreditarmos que, para ser bom em alguma coisa, precisamos necessariamente fazer outra coisa, nunca conseguiremos atingir nosso objetivo.

ACTION TIME!

Faça uma lista com três a cinco de seus pré-conceitos sobre o que é importante para atingir o objetivo que você escreveu no Dia 1.

O que você acredita ser necessário para ser fluente em inglês?

1. ______________________________
2. ______________________________
3. ______________________________
4. ______________________________
5. ______________________________

Durante estes capítulos quero que você pense bem sobre os pré-conceitos que você listou e, levando em consideração o que você aprendeu, os avalie, para ver se são realmente necessários ou não. Você pode acabar se surpreendendo!

Derrubando os pré-conceitos

Agora vou analisar e derrubar alguns dos maiores pré-conceitos falsos — ou seja, grandes mitos — sobre o que é necessário para se tornar fluente em inglês.

1. **"Preciso me matricular numa boa escola, ter aula duas vezes por semana, e falarei inglês perfeitamente daqui a alguns meses."**
   Isso não existe. Se você se matricular numa escola muito boa, em que você pague uma mensalidade bem cara, mas tendo aula somente duas vezes por semana, você levará alguns anos para ter um inglês bem legal.

   Inglês precisa ser praticado e escutado todos os dias. Quanto mais tempo você puder investir nisso, melhor! Você não precisa estudar inglês muito profundamente, mas precisa ter contato com a língua: ler artigos em inglês, ouvir música em inglês, assistir a noticiários, ouvir podcasts etc.

   Não compre essa mentira de que estudar duas vezes por semana resolverá o seu problema, porque não resolverá. Eu nunca vi acontecer. Você precisa do inglês na sua vida mais do que somente duas vezes por semana para poder aprendê-lo bem. Isso, sim, é uma necessidade básica para atingir seu objetivo.

2. **"Preciso estudar gramática."**
   Esse é um ponto megapolêmico. A maioria esmagadora das escolas de inglês e dos professores de inglês afirmará que você aprende inglês por meio da gramática.

   No entanto, com base em minha experiência e na de outras pessoas que são fluentes na língua inglesa, acredito que essa afirmação esteja um pouco equivocada.

   O que acontece é que quando você começa a estudar gramática, você está apenas decorando regras ou entendendo intelectualmente algumas estruturas do idioma. Mas quando você for falar, não será possível se lembrar dessas regras rápido o suficiente. Da mesma forma, para ouvir e entender inglês, você não precisa saber a estrutura da frase que está sendo dita; você precisa entender a mensagem.

   Esse assunto, como falei, é muito polêmico e dá muito pano para a manga. Vou me aprofundar nesse tema mais adiante.

3. **"Preciso morar no exterior."**
Eu recebo vários e-mails de pessoas perguntando: tem mesmo como aprender bem sem sair do Brasil? Tem! É claro que tem! Hoje em dia é mais fácil ainda, porque temos a internet, e com ela podemos escutar os mais diversos conteúdos em inglês. Podemos até conversar com pessoas de fora, gratuitamente e por meio desse aparelhinho que está no seu bolso! É claro que, se você quiser se aperfeiçoar, você pode viajar e entrar em contato com a língua mais profundamente. É uma experiência e tanto você sair de sua zona de conforto, forçando-se a entender e ser entendido na língua-alvo para sobreviver. Costuma valer a pena! Eu recomendo que as pessoas viajem para o exterior para colocar o inglês para fora e também para exercitar o que já aprenderam. Mas não é uma peça fundamental. Aliás, alguns dos melhores professores de inglês no Brasil aprenderam o idioma em terras brasileiras e somente depois de atingir a fluência tiveram a oportunidade de visitar um país de fala inglesa. O outro lado da moeda, e o motivo pelo qual adicionei esse pré-conceito, é o fato de eu conhecer pessoalmente inúmeras pessoas que moram no exterior há anos e não falam inglês. São amigos meus. Não falam metade do inglês que muita gente no Brasil já consegue falar. Então quero que você se lembre disto: estar no exterior pode ou ajudar ou atrapalhar, dependendo de seu esforço pessoal.

4. **"Preciso traduzir."**
Quando você ouve algo em inglês, é natural traduzir para o português. Porém, a longo prazo, esse hábito precisa ser eliminado. Você também poderá, a partir dessa compreensão, formar frases e aprender como falar em inglês, mas seu objetivo principal é apenas entender. Se você começar a traduzir tudo o que ouvir em inglês, acontecerá o seguinte: você ouvirá algo e traduzirá, mas muita coisa não fará sentido, pois o significado varia de acordo com expressões, contexto, figuras de linguagem, gírias, cultura, etc. A língua está em constante evolução. Sinceramente, se você traduzir tudo, você vai pirar!

O que você também será tentado a fazer — e essa é uma armadilha na qual acho que 90% das pessoas caem — é pegar a frase em português e passar para o inglês. Só que sempre pensar em português e passar para o inglês é muito mais difícil. Você vai demorar pelo menos o dobro de tempo para aprender a língua, e, no final das contas, sua velocidade na fala não será boa o suficiente. Você estará ouvindo em inglês e traduzindo na cabeça para o português, e então pensando em português e traduzindo para o inglês. Não dá tempo na conversa do dia a dia. É impossível fazer isso.

Não se preocupe agora com esses quatro pontos. Eles são importantes, e vou dar um pouquinho mais de atenção e eles no decorrer dos próximos capítulos.

Quero que agora você pense sobre esses seus pré-conceitos e os deixe de lado, porque apresentarei outros fatores importantes de que você realmente necessita para aprender inglês.

Mas... eu não entendo nada de inglês!

Hoje em dia ninguém tem mais a desculpa de dizer que não entende absolutamente nada de inglês. Graças aos cognatos, que são palavras parecidíssimas com o português. Vamos ver alguns deles?

Alguns exemplos aleatórios de cognatos:

INGLÊS	PORTUGUÊS
Important	Importante
Urgent	Urgente
Complicated	Complicado
Exist	Existir
Competition	Competição
Information	Informação
Radio	Rádio
Emotion	Emoção
Video	Vídeo
Different	Diferente
Positive	Positivo
Economy	Economia
University	Universidade
Risk	Risco
Contamination	Contaminação

Continua

Continuação

INGLÊS	PORTUGUÊS
Tension	Tensão
Comment	Comentar
Cement	Cimento
Firm	Firme
Solid	Sólido
Victory	Vitória
Problem	Problema
Universal	Universal
International	Internacional
System	Sistema
Technical	Técnico (adjetivo)
Investigate	Investigar
Courage	Coragem
Helicopter	Helicóptero
Banana	Banana

A boa notícia é que existem literalmente centenas e centenas de cognatos como esses! Diferente de muitas línguas, tanto o inglês como o português foram influenciadas pelo latim e pelo grego, por isso temos essas palavras tão parecidas.

Além disso, temos também palavras originais em inglês que hoje em dia fazem parte de nosso vocabulário em português. Duvida?

Confira esta lista parcial:

Hambúrguer	Play	Fashion	Diet
E-mail	Feedback	Milkshake	Laser
Download	Layout	Light	Delivery

Sabendo disso, você pode enfrentar o desafio de aprender inglês com mais confiança, pois já tem uma grande vantagem sobre muitos estrangeiros de línguas exóticas que não conseguiriam entender essas palavras em inglês.

ACTION TIME!

Quais outras palavras em inglês você consegue identificar no dia a dia do brasileiro?

1. ____________________
2. ____________________
3. ____________________
4. ____________________
5. ____________________
6. ____________________

A verdade sobre a gramática

Esse assunto é um tanto quanto polêmico, e sei que alguns professores tradicionais ficarão horrorizados. Entre outras coisas, eu disse que para aprender uma certa língua não é necessário estudar gramática profundamente. E ainda acredito nisso firmemente. Digo isso porque eu mesma aprendi dessa maneira. Não aprendi inglês estudando gramática como carro-chefe. O meu processo de aprendizado foi totalmente diferente e muito eficaz.

Muitas pessoas ainda mantêm o pré-conceito de que é necessário começar pela gramática para aprender inglês. Quero desmitificar isso. Espero que eu consiga.

Considere o seguinte: **o que é uma língua?**

Na minha opinião, uma língua nada mais é do que um conjunto de códigos que uma pessoa utiliza para se comunicar com outra. A partir do momento em que várias pessoas utilizam um código parecido, há então uma língua ou linguagem.

O que então é a gramática? Qual o papel da gramática dentro desse contexto de códigos? A gramática é o resultado dos padrões que foram formados a partir da língua falada. A gramática não é uma ciência. Não há sempre um certo e errado. É apenas um conjunto de padrões que os especialistas conseguiram identificar dentro de uma certa língua.

Muita gente se aproxima de uma língua como se ela fosse uma ciência. Mas não é como matemática. A língua e a ciência, apesar de serem parecidas em algumas coisas, são bem distintas uma da outra. Vejamos a matemática, por exemplo. A única coisa que você precisa para aprender matemática, ao meu ver (não sou muito boa em matemática), é entender as regras e como aplicá-las. Se você conhece todas as fórmulas e regras e sabe aplicá-las, você consegue fazer um cálculo, desde o mais básico até o super-hipermegacomplicado. Essa é a abordagem, o conceito da matemática. É uma ciência. 1+1 sempre será igual a 2.

Já a língua não é assim. Mas por quê? É o povo que faz a língua, não um cientista maluco que fica em seu laboratório tentando inventar a próxima regra. É simplesmente uma maneira que as pessoas utilizam para se falar no dia a dia. Na própria língua portuguesa podemos ver uma evolução no modo que nós falamos. Vejamos, por exemplo, a palavra "você". Eu achava que "você" era simplesmente "você" nos dias de hoje e "vósmece" antigamente. Mas olha só que interessante! A primeira versão foi "vossa mercê", depois passou para "vossemecê", "vosmecê", "vancê" e, finalmente, "você". A palavra passou então por seis estágios! Seis! E, sejamos sinceros, essa mesma palavra hoje em dia nem sempre é usada dessa maneira. Na internet, nós usamos "vc", ou então, no linguajar falado, nós falamos "cê". A gramática é somente estabelecida depois que o povo começa a utilizar a linguagem e formá-la da maneira que achar melhor.

E aí surge uma pergunta: se não for pela gramática, ou seja, se não podemos encarar a língua como uma ciência, como então podemos aprender? Da mesma forma que você aprendeu português! Como foi isso? Quando você era pequenininho, você ouvia português a todo momento. Querendo ou não, sempre tinha alguém falando com você, seja sua tia apertando sua bochecha, seus pais falando alguma coisa ou cantando para você dormir. Após um tempo, você foi identificando sons e diferenciando cada um. Você começou a entender o que estava sendo dito. Só depois de entender muita coisa é que você finalmente passou a falar, mesmo com erros e sem fazer muito sentido. E depois de um certo tempo, você começou a falar as palavras corretamente.

O aprendizado de uma língua nada mais é do que a repetição daquilo que você ouve. Por que, por exemplo, os paulistas têm uma determinada maneira de falar? Simplesmente porque quem nasce em São Paulo ouve o português de São Paulo e o repete. Da mesma forma, seus filhos nascem, ouvem vocês, pais, falando com determinado sotaque e repetem. Aprender uma língua significa ouvir até encher a cabeça, digerir bem o que ouviu e imitar aquilo, seja em pronúncia ou estrutura.

Mesmo sem estudar as regras gramaticais, é possível perceber o que é certo e o que é errado, simplesmente porque o errado soa estranho. Às vezes você fala algo, para, pensa bem, percebe que nunca ouviu isso na vida, que soa muito esquisito e que parece que há algo errado. Você então sabe que está falando alguma coisa gramaticalmente incorreta.

O que você precisa saber é como o inglês é falado e escrito. Não é totalmente necessário saber se algo é *present perfect, past continuous* ou *simple past*. Você não precisa nem conhecer esses nomes. O que você precisa é ter como exemplo as frases, compreender seu sentido e imitá-las. Afinal, foi dessa maneira que você aprendeu português, não foi?

No entanto, você não deve eliminar a gramática por completo. Acredito que a gramática no aprendizado de uma língua tenha sua utilidade, desde que seu ensino seja o mínimo, somente o necessário. Com uma explicação rápida e básica, é útil. Porém, temos que manter sempre isso em mente: existem muitas exceções para todas as regras. Então mantenha sua mente aberta e flexível sobre "regras" gramaticais.

Conheço uma ótima professora de idiomas que, após 17 anos colocando a gramática em foco, mudou sua postura justamente ao concluir que quanto mais ela ensinava regras rígidas, mais confusos os alunos ficavam, o que inibia bastante a fala. Então vamos retomar alguns dos pontos principais em relação à gramática:

1. **Para toda regra há exceção**
   Costumo dizer que para toda regra existem muitas exceções, então não pire, não entre em pane se você descobrir que aquela regra que você aprendeu na escola de inglês tem uma ou duas dezenas de exceções. Mantenha sua mente aberta em relação a isso.

2. **A língua é viva**
   E ela muda através do tempo. Isso é normal, e não se assuste se daqui a vinte anos você escutar um inglês totalmente diferente daquele que você ouviu em seus primeiros anos de aprendizado. É natural do ser humano encontrar novas formas de se comunicar.

3. **A gramática é um retrato do passado, do presente, mas nunca do futuro.**
   Para sermos bem realistas, a língua pertence ao povo, e com o tempo formam-se os padrões linguísticos, e esses padrões farão parte da regra. Então a gramática é um retrato daquilo que o povo já utiliza e do que já utilizou para se comunicar.

No próximo trecho falarei sobre a mentalidade dos alunos que aprendem inglês com mais rapidez e facilidade.

ACTION TIME!

Escreva a seguir três fatos que você acabou de aprender sobre gramática.

1. ______________________________

2. ______________________________

3. ______________________________

Star students

Quero te contar sobre dois tipos de alunos. Um tipo é o que aprende inglês devagar, quase parando. O outro tipo é o que aprende inglês rápidamente, com mais facilidade e eficiência. E os alunos que aprendem inglês rapidamente eu gosto de chamar de *star students*, ou seja, alunos estrelas. Às vezes eles não frequentam uma escola propriamente dita, mas são estudantes da língua inglesa porque se interessam, vão atrás e aprendem com o que podem. E agora quero esclarecer um pouco sobre a diferença entre os *star students* e os estudantes medianos. Existem três *golden rules*, ou regras douradas, em português, que fazem com que a probabilidade de a pessoa se tornar um *star student* seja gigantesca. E quais são essas três *golden rules*?

Primeiro: Ouça muito.
Segundo: Ouça sempre.
Terceiro: Ouça com atenção.

Uma coisa que ouço muitos alunos me perguntarem é o seguinte: bom, se eu não entendo inglês, como é que eu vou ouvir inglês? E respondo com outra pergunta: como é possível aprender se você não ouvir inglês?

Estar em uma situação em que você precisa impreterivelmente aprender inglês, como foi meu caso, não é fácil. Eu não nasci sabendo, mas quando era mais nova, fui colocada em um ambiente em que eu ouvia muito inglês. Minhas alternativas eram aprender ou aprender.

E foi justamente por estar em um ambiente de imersão, onde eu não tinha escolha senão ouvir muito a língua, que aprendi muito bem. Então aí vai meu simples conselho: ouça muito inglês. Quando estiver no carro, ouça músicas em inglês. Se for possível trabalhar ouvindo música sem que o chefe pegue no seu pé, melhor ainda. Ouça não só músicas, mas também podcasts e rádios estilo AM, em que os locutores dão mais ênfase a histórias e notícias do que a músicas, que podem ser ótimas, porém estão cheias de armadilhas, como discutiremos mais adiante.

Ouvir sempre também é algo muito importante, pois vamos ver mais adiante que a repetição é básica e necessária para você aprender *qualquer* coisa. Quer um exemplo clássico? Eu aprendi regras e fórmulas de física no colégio, assim como você. Quer dizer, *aprendi* em termos, pois as decorei para a prova e, na maioria dos casos, nunca mais utilizei, porque eu não uso isso no meu dia a dia, não foi uma coisa que foi repetida. Eu memorizei, fiz o exame, passei raspando, e pronto, acabou para mim, eu não precisei mais daquilo. Para aprender uma língua, porém, você verá várias frases que serão repetidas. Como vimos anteriormente, a língua é simplesmente um código para você se comunicar com outra pessoa. Não é necessário nenhum talento especial para utilizá-la.

Gosto de exemplificar isso com uma ligação telefônica inusitada que fiz uns anos atrás. Era uma ligação comercial para meu banco, e enquanto eu conversava com o atendente em inglês, percebi nele um sotaque britânico bem típico . A imagem que criei em minha mente era de alguém loiro, com certeza ariano. Ao final da ligação, ele me passou seu nome: Raj. Pensei comigo mesma: Raj? Esse nome é tipicamente indiano. Ele então me explicou que seus pais eram da Índia, mas que ele havia nascido e vivido desde então em Londres. Um indiano, coreano, suíço ou brasileiro não nasce com algumas habilidades e outras não quando o assunto é aquisição de línguas, salvo algumas raras exceções. Quando você nasce, absorve tudo o que está à sua volta, e ele absorveu a cultura e a língua inglesa como um britânico que tem pais britânicos. Então a chave está aí: ouvir. Os *star students* são pessoas que ouviram muito inglês e que repetem o que ouvem.

Quero deixar esta tarefa para você: hoje mesmo, procure um podcast em inglês para escutar e faça disso um hábito diário.

Podcast escolhido

Aprenda a pescar (Seja um *star student*)

Agora vamos falar sobre a terceira *golden rule*, mas antes vamos dar uma recapitulada nas anteriores. A primeira regra dourada: ouça muito. Para chegar na fluência em qualquer idioma você precisa ouvir bastante. A segunda regra é: ouça sempre. Ouça sempre, ouça regularmente, pois a repetição é a mãe de todo aprendizado.

O terceiro ponto é: ouça com atenção. Mas no final das contas, você é quem decide a atenção que quer dar àquilo que está fazendo. Gosto de comparar a atenção e o aprender inglês a uma sessão de pesca.

Você já saiu para pescar alguma vez? Se já, sabe bem como funciona e como pode ser frustrante para alguns impacientes. Quando você vai pescar pela primeira vez, talvez não tenha a habilidade e a sensibilidade de um pescador já mais experiente. O que acontece? Você prepara seu equipamento, sua vara e anzol, e fica lá esperando o peixe morder a isca. Você fica esperando, esperando, esperando. Se você não prestar atenção na linha se mexendo, quando você decidir puxar a linha, verá que a isca já foi embora, o peixe comeu tudo e você nem percebeu o que estava acontecendo.

Da mesma forma, nas primeiras vezes que você escutar algo em inglês, provavelmente não entenderá absolutamente nada, porque seu ouvido ainda não estará acostumado. Isso é natural. Até pessoas que falam inglês, quando se mudam para um lugar muito diferente e com sotaque exótico, demoram um tempo para entender tudo que é falado.

Eu mesma, quando cheguei à Irlanda do Norte, já falava inglês fazia sete anos, mas pelo primeiro mês não entendi bulhufas. O sotaque da Irlanda do Norte, apesar de hoje ter um espaço especial no meu coração, é muito diferente do inglês que eu estava acostumada. Anos depois confirmei esse fato quando meu marido, que é canadense, foi morar na mesma região. Ele também não entendia muita coisa. Passei por um período de adaptação e, uma vez ambientada, o sotaque entrou para o meu arsenal.

Dessa maneira, depois que você pega mais experiência, assim como na pesca, você percebe que, ao ouvir com atenção, mais e mais palavras são identificadas (pescadas), e seu ouvido estará cada vez mais bem treinado para pescar palavras novas.

Quanto mais você pescar, melhor será sua habilidade. É simplesmente uma questão de prática. Aos poucos você criará essa sensibilidade para reconhecer uma palavrinha aqui, outra ali, até formar frases inteiras. E quando você começar a entender frases inteiras, aí ninguém te segura.

Para chegar nesse estágio, uma qualidade que você precisa desenvolver e exercitar é seu poder de *dedução*. Existem, de fato, duas atitudes apresentadas por alunos tentando aprender inglês: a de iniciativa e a de passividade. Acho que já nos conhecemos bem o suficiente para deduzir que você é do tipo de pessoa que toma iniciativa e não espera todas as respostas do universo caírem do céu com um simples estalar de dedos, certo?

Mas como funciona na prática o poder de dedução? Você se sente muito bem, e é até prático quando alguém traduz tudo para você, explica tudo detalhadamente, não é? Acontece que quando isso ocorre, você colocou 0% de esforço para adquirir aquele vocabulário. Resultado? Como uma fita adesiva que com o tempo perde seu poder colante, dificilmente o vocábulo novo passará a fazer parte de seu arsenal.

Então procure um dicionário o menos frequentemente possível, procure forçar um pouco seu cérebro e tenha confiança naquilo que você deduz. Você com certeza deduzirá muitas coisas erradas, mas a cada palavra que você deduzir corretamente, você terá mais confiança para fazer o mesmo com outras palavras, e então irá construindo seu vocabulário. É assim que se aprende!

Seja um pescador eficiente.
Experimente. **Aprenda a deduzir.**

ACTION TIME!

Responda às seguintes questões:

1. Quais são as três *golden rules*?

2. Em vez de procurar cada palavra desconhecida no dicionário, devemos exercitar nosso poder de...

3. Pescar, como explicamos no texto anterior, é uma questão de:

   a) Sorte   b) Prática   c) Talento

Confira as respostas no final do livro.

Learning timeline

Agora quero falar um pouquinho mais sobre a sua *timeline*. *Timeline* nada mais é do que uma linha do tempo como essa:

START **END**

A *timeline* é uma linha que vai de um ponto ao outro, e, na verdade, o ponto de fluência da língua inglesa normalmente não é um momento assim exato: são semanas ou meses de consolidação que confirmam sua fluência no idioma. Você entende diálogos inteiros, e trechos de canções que você conhecia antes de falar inglês se tornam claros como água cristalina em sua mente. Você fala frases com confiança e é entendido por nativos.

Porém, ao ilustrar o grau de dificuldade dessa *timeline*, vemos um desenho que foge bastante da linha reta que se inicia no Start e termina no End.

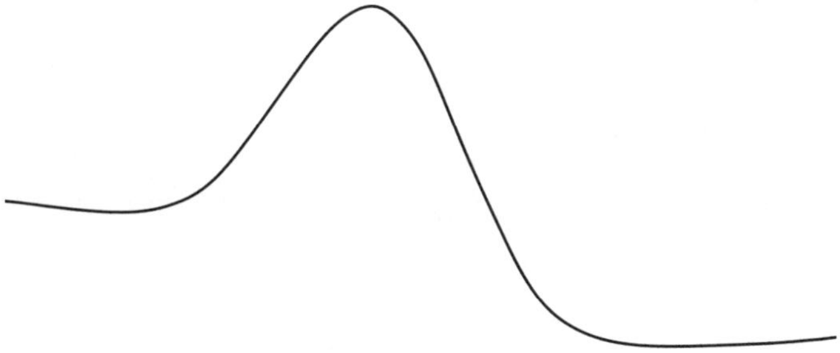

O que acontece é que você vai tendo dificuldade no começo, ilustrado pela subida inicial. Na verdade, é bem parecido com subir um morro, o que exige bastante esforço e energia até que se chegue ao topo. E, exatamente como no caso de subir um morro, a partir do topo, a energia necessária para descer é pouquíssima. Chega um ponto em que você desliza para o outro lado da montanha, e as coisas ficam exponencialmente mais fáceis.

Meus alunos conhecem esse ponto como o "estalar dos ouvidos" — fenômeno observado nas pessoas depois de um certo tempo de esforço na língua (estamos falando de meses de foco) —, que é quando você passa a entender muitas coisas que antes não entendia na língua falada. É como se alguém de repente ligasse a tecla SAP de seu cérebro e você entendesse muito melhor. A impressão que se tem é a de que isso ocorre da noite para o dia, mas a verdade é que nosso cérebro vai colecionando pecinhas do quebra-cabeça linguístico durante todo o processo de aprendizado, e o "estalar dos ouvidos" é somente aquele resultado de várias pecinhas se juntando ao mesmo tempo.

Ok, mas o que ocorre nessa tal linha do tempo? E existem formas mais ou menos inteligentes de atravessá-la? Certamente.

Vamos ilustrar isso com o modo antigo de se ensinar inglês. Eu digo modo antigo, mas, cá entre nós, sabemos que você conhece algum amigo ou parente que até hoje está tentando aprender assim. Se for o caso, mostre para ele este capítulo. Ele irá te agradecer.

A *timeline* que alguns percorrem tem itens bem diferentes, resultando em uma linha BEM mais longa.

Vamos analisar os dois tipos de linha do tempo (*timeline*) que são tão enfadonhos que podem te fazer perder toda a vontade (e a chance) de aprender inglês.

ACTION TIME!

Responda:

1. O que é o "estalar dos ouvidos"?

___

___

2. Em quanto tempo normalmente se sente esse fenômeno?

___

___

Confira as respostas no final do livro.

Timeline from Hell 1: Para um pouquinho, descansa um pouquinho

START QUIT START QUIT START QUIT (...)

Essa linha, para muitos, é interminável.

Essa nossa mania brasileiríssima e perigosíssima de começar e parar projetos é algo que mata qualquer processo de aquisição de línguas. Se você, como eu, já viveu isso, sabe muito bem como é. Ficamos muito ágeis em colecionar desculpas esfarrapadas para todas as rupturas e desistências, como:

- Tive um problema de saúde.
- Fiquei desempregado.
- Não gostei do professor.
- Não gostei da metodologia.
- Me divorciei/Me mudei/Me casei/Fui tomado por trabalhos na faculdade.

Esses exemplos são compreensíveis e acontecem com todos nós. Mas eu lhe pergunto: qual foi o último ano que você viveu e no qual NADA de ruim aconteceu? E se todos os anos algo digno de entrar para a lista de desculpas esfarrapadas acontece, qual é o seu plano para contornar esses problemas antes mesmo que eles ocorram?

Desafio você a fazer sua própria lista de desculpas e anotar todos os motivos que possam distraí-lo de seus objetivos num futuro próximo:

MOTIVO 1:

Já dizia o velho ditado em inglês: *fail to prepare = prepare to fail*. Algo como: "Ao fracassar na hora de se preparar, estará se preparando para fracassar". A verdade é que ninguém nos ensinou a planejar nossos objetivos para a vida real. Então essa é a sua chance. Pense na pior das hipóteses e faça um *brainstorming* consigo mesmo.

Dessas desculpas listadas anteriormente, quais são as saídas/soluções que você pode encontrar HOJE para quando - e não "se" - elas ocorrerem?

Timeline from Hell 2: Afogando-se na gramática

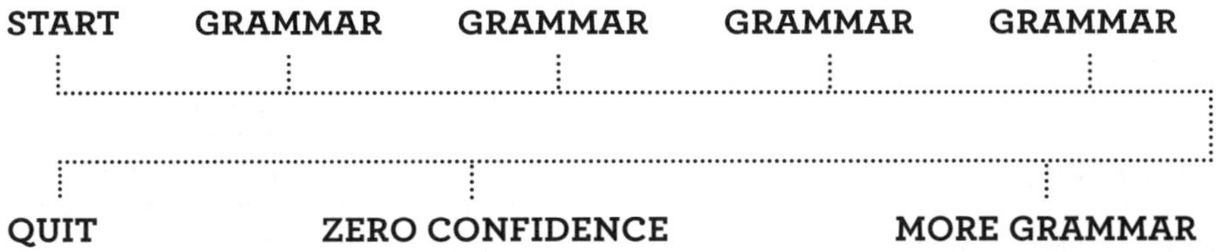

Essa *timeline* talvez seja uma das mais tristes. Você pôde ver anteriormente como isso acontece e por que você deve fugir dessa linha do tempo. Em resumo, para falar e entender inglês, é necessário treinar a fala e o entendimento, e não ficar só na teoria.

Na sua opinião, por que essa timeline está fadada a fracassar desde o início?

A timeline ideal

Agora que já lhe mostrei dois casos clássicos de timelines trágicas que você deve evitar, fica a pergunta: e como deve ser uma timeline ideal?

Vamos por partes.

Em primeiro lugar, seu início deve ser repleto de... você já sabe... *listening*! Mas como você poderá mergulhar fundo escutando uma língua estrangeira se não conhece o vocabulário básico?! Hmmmm, e se eu dissesse a você que em pouquíssimo tempo eu posso lhe passar, aqui neste livro, 65% das palavras mais usadas na língua inglesa? É exatamente isso que vamos fazer agora...

Sessenta e cinco por cento do inglês em 44 frases

FRASE EM INGLÊS	TRADUÇÃO
I live in a house.	Eu moro em uma casa.
I want an apple.	Eu quero uma maçã.
The best thing in life is love.	A melhor coisa na vida é o amor.
I like eating bread with cheese.	Eu gosto de comer pão com queijo.
I can't (can+not) live without you!	Eu não posso viver sem você!
She is young, but very intelligent.	Ela é jovem, mas muito inteligente.
He likes football and food.	Ele gosta de futebol e comida.
I am always right!	Eu estou sempre certa/certo!
They are angry because they know what I've (I+have) done!	Eles estão bravos porque sabem o que eu fiz!
Some people don't (do+not) think.	Algumas pessoas não pensam.
It's (it+is) time for bed!	É hora de ir para cama!
Sometimes we need to learn how to be happy.	Às vezes precisamos aprender como ser feliz.
I only understand a little about Mathematics.	Eu só entendo um pouco sobre matemática.
Their car is one of those.	O carro deles é um daqueles.
There is something different about us, something special.	Existe algo diferente sobre nós, algo especial.
Our family name is Smith.	Nosso nome de família é Smith.
My phone was here and now it's (it+is) gone!	Meu telefone estava aqui e agora sumiu!
That big hat is yours, this small one is mine.	Aquele chapéu grande é seu, este pequeno é meu.
His parents were really good to him.	Seus pais foram muito bons para ele.
I like her, she has a nice smile.	Eu gosto dela, ela tem um sorriso legal.
No, I did not understand what you said before.	Não, eu não entendi o que você disse antes.

FRASE EM INGLÊS	TRADUÇÃO
We will take the little girl to school.	Nós levaremos a garota pequena para a escola.
Do you like watching TV? Me too!	Você gosta de assistir TV? Eu também!
This place is so big, I will never find where I have to go.	Esse lugar é tão grande, eu nunca vou achar aonde eu preciso ir.
Could you meet me at the cinema after the movie?	Você poderia me encontrar no cinema depois do filme?
Someone put a cake on the table.	Alguém colocou um bolo em cima da mesa.
These kids love jumping up and down.	Essas crianças adoram pular para cima e para baixo.
Be careful, there is a bomb under your new car!	Cuidado, há uma bomba debaixo do seu carro novo!
I am from Brazil.	Eu sou do Brasil.
I write with my right hand, but Nelson writes with his left hand.	Eu escrevo com a minha mão direita, mas Nelson escreve com a mão esquerda.
You should follow me, I know the way.	Você deveria me seguir, eu conheço o caminho.
I hate birds, please take them away!	Eu odeio pássaros, por favor leve-os para longe!
I need to get a new computer, mine is broken.	Eu preciso arranjar um computador novo, o meu está quebrado.
Who would be so cruel to kill a dog?	Quem seria tão cruel para matar um cachorro?
When I grow up I want to make more money than my dad.	Quando eu crescer quero ganhar mais dinheiro do que meu pai.
Why do you think you are better than him?	Por que você acha que é melhor que ele?
I came here, then I sat on this sofa.	Eu vim aqui, então me sentei neste sofá.
Because of my health, I must eat less salt.	Por causa da minha saúde, eu devo comer menos sal.

Continua

Continuação

FRASE EM INGLÊS	TRADUÇÃO
Even if it's (it+is) late, we all want to go out and party!	Mesmo se for tarde, nós todos queremos sair e festejar!
Every mother goes through a lot of emotion when her first baby is born.	Toda mãe passa por muita emoção quando seu primeiro filho nasce.
Soon you will see that any other woman can make you happy.	Logo você verá que qualquer outra mulher pode te fazer feliz.
Which one do you prefer, the red flower or the blue ball?	Qual você prefere, a flor vermelha ou a bola azul?
If you just ask, you will receive many sweets.	Se você apenas pedir, receberá muitos doces.
I have been to many different countries.	Eu já fui para muitos países diferentes.

Dessas palavras citadas, quais delas você ainda não conhecia? Faça uma lista dessas palavras, pois vamos utilizá-las para treinar seu vocabulário em exercícios especiais nos próximos capítulos.

New words

1. __________
2. __________
3. __________
4. __________
5. __________
6. __________
7. __________
8. __________
9. __________
10. __________
11. __________
12. __________
13. __________
14. __________
15. __________
16. __________

17.	______	26.	______
18.	______	27.	______
19.	______	28.	______
20.	______	29.	______
21.	______	30.	______
22.	______	31.	______
23.	______	32.	______
24.	______	33.	______
25.	______	34.	______

Se necessário, utilize uma folha separada para o restante.

Então agora você já tem o vocabulário básico do inglês. *Excellent*!

Agora pode começar seu hábito de *listening*. Porém, isso não quer dizer que você deva ignorar as outras habilidades. Na verdade, você deve se cobrar mais na questão de *listening* no início, pois será sua primeira área de desenvolvimento. *Reading* (leitura) será sua próxima área de desenvolvimento e, como consequência, desenvolvendo seu *writing* (escrita). Apenas por último é que o aluno realmente domina o *speaking* (fala).

Ok, mas então quando a gramática entra em foco?

A gramática se revela com pontos durante toda a *timeline*, mas nunca se tornando um bloco insuperável com tamanha importância. O segredo é aprender aos poucos e aprender os pontos gramaticais para explicar dúvidas já existentes que vão aparecendo enquanto você percorre essa jornada fantástica rumo à fluência. Desse modo, a *timeline* fica assim:

Perfect Timeline

START → VOCABULÁRIO BÁSICO → GRAMMAR (POUCO) → LISTENING

→ WRITING → GRAMMAR (POUCO) → READING → GRAMMAR (POUCO)

→ SPEAKING → END

ACTION TIME!

Complete as frases a seguir:

1. Antes de mais nada, o aluno precisa de ______________________ básico.
2. Após isso, deve-se investir bastante tempo no ______________________.
3. A última área a ser dominada é o ______________________.
4. A gramática deve ser estudada ______________________.

Confira as respostas no final do livro.

Recursos para ouvir:

iTunes
(Podcasts variados, coloque uma palavra de interesse/hobby e busque)

http://bbc.co.uk/radio
Rádios AM e FM, inglês britânico

http://cnnradio.cnn.com
Notícias, inglês americano

http://youtube.com
(Vídeos variados, coloque uma palavra de interesse/hobby e busque)

Aprendendo inglês com música

Se você for como a maioria dos seres humanos, provavelmente já escutou algumas músicas em inglês e tentou decifrar a mensagem que estava sendo passada. E se você for como eu era, provavelmente entendia algumas coisas aqui e ali, mas não tudo. Você não está sozinho. Além de não estar sozinho, talvez a culpa realmente não seja sua. O que eu quero dizer com isso? Bem, nem todas as canções são compreensíveis.

Pense comigo. Em português não existem aquelas músicas que por anos você cantou errado ou sabe que a letra não faz muito sentido? Isso acontece em qualquer idioma, incluindo a língua inglesa. Alguns problemas que encontramos ao tentar aprender com músicas:

- Erros gritantes de gramática.
- Frases com sentido oculto.
- Trechos ambíguos.
- Gírias, palavrões e linguajar coloquial ao extremo.

Porém, aprender com música pode trazer os seguintes benefícios:

- Torna o aprendizado mais divertido.
- Facilita a memorização de palavras.
- Pode melhorar sua pronúncia.

Mas como podemos colher os benefícios e, ao mesmo tempo, esquivar-nos dos problemas da primeira lista? Escolhendo o tipo de música que apresenta a melhor relação de esforço-benefício. Muitas pessoas me perguntam se é possível aprender inglês com estilo musical A, B e C, e a resposta é sempre "sim". Mas se você escolher o tipo de música errada, talvez esteja num campo minado onde sua chance de aprender errado é exponencialmente maior.

Então vamos direto ao ponto: quais estilos de música normalmente apresentam letras fáceis para o aprendiz?

Resposta: country e pop-rock.

Escute o que quiser em seu tempo livre, mas aposto que você terá um melhor retorno com esses dois estilos.

Pop-rock normalmente tem letras simples e coros repetitivos. Isso é ótimo para quem está aprendendo, pois você trabalha com vocabulário que provavelmente já conhece, e a repetição ajuda a memorização e a pronúncia.

Já as letras de música country são muito ricas, pois muitas vezes contam uma história com começo, meio e fim, dando um sentido mais claro ao conteúdo.

Aliás, gostaria de ir além disso e lhe passar uma lista de canções recomendáveis para quem está aprendendo. Está pronto? Essa lista inclui até outros tipos de música, embora as letras tenham sido aprovadas pelo seu conteúdo.

Beginner

Hello, Adele	And I love her, The Beatles
All my loving, The Beatles	Always on my mind, Elvis Presley

Intermediate

Every breath you take, The Police

Something in the water, Carrie Underwood

Everything I do I do it for you, Bryan Adams

Jesus take the wheel, Carrie Underwood

Heal the world, Michael Jackson

Die a happy man, Thomas Rhett

Who wouldn't wanna be me, Keith Urban

As long as you love me, Backstreet Boys

Ka-ching, Shania Twain

Beautiful, Christina Aguilera

I love you, Faith Hill

Because you loved me, Celine Dion

No matter what, Boyzone

She's not just a pretty face, Shania Twain

Waiting for a woman, Brad Paisley

Our House, Crosby, Stills, Nash & Young

My love, Westlife

Sailing, Rod Stewart

Sorry seems to be the hardest word, Elton John

We danced, Brad Paisley

Drugs or Jesus, Garth Brooks

I'd like to teach the world to sing, The New Seekers

Advanced

In the end Linkin' Park

An enlgishman in New York - Sting

Better together, Jack Johnson

My way, Frank Sinatra

November rain - Guns N' Roses

Sunday bloody sunday, U2

Something beautiful, Robbie Williams

Close to you, The Carpenters

You'll think of me, Keith Urban

Cold feet, Tracy Chapman

Live like you were dying, Tim McGraw

Do they know it's Christmas time?, Band Aid

Você certamente reparou que nessa lista o número de canções para iniciantes é bem pequeno. Isso é por um simples motivo. No início, seu vocabulário ainda é limitado, portanto o número de canções que são simples o suficiente para serem adicionadas a essa lista é menor.

Agora vamos ver alguns exercícios para aprender com música.

1. **Fill in the blanks**
Provavelmente o exercício mais comum. Você tem acesso à letra incompleta e, ao ouvir a canção, vai completando as lacunas. Antigamente isso era feito com papel e caneta, o que ainda pode ser feito, mas hoje já existem algumas alternativas digitais em formato de jogo que cumprem exatamente a mesma função.

   Visite: lyricstraining.com ou lyricsgaps.com

2. **Tirar a letra inteira**
Uma alternativa, se você se sente um pouco mais confiante, é tirar a letra inteira. Invista tempo e energia nisso. Posso lhe garantir que "tirar de ouvido" uma letra por inteiro, ou 90-95%, é dez vezes mais gratificante do que o exercício anterior.

3. **Sing along**
Independentemente do exercício que fizer, ao final, sugiro que volte a música ao início e cante junto. Cante mesmo se cantar não for seu forte. O processo de pronunciar as palavras em inglês em formato de música abrirá um caminho em seu cérebro que fortalecerá seu *speaking*.

ACTION TIME!

Escolha três músicas da lista anterior, assim como um exercício para cada uma delas. Você deve completar esses exercícios dentro de uma semana.

Músicas	*Exercícios*
1. ______________	1. ______________
2. ______________	2. ______________
3. ______________	3. ______________

O segredo dos pequenos hábitos

Eis uma de minhas melhores dicas: escolha um hábito ridiculamente pequeno para cumprir todos os dias (ou de segunda a sexta). Por que algo pequeno? Por que não começar "pegando firme" e estudando horas e horas para realmente mergulhar na língua? É simples: você já começou algo com toda animação e a sensação de "agora vai" e, no final das contas, não passou nem da metade do programa?

Why?

Pare um pouco para pensar... quantas vezes você deixou de calcular quanto de esforço você precisaria para atingir um objetivo? E para conquistar esse objetivo, quanto de seu estilo de vida você precisou mudar?

O conceito é até simples demais: quanto menos você precisar mudar seu estilo de vida para começar um hábito, maior é a chance de sucesso a longo prazo.

Exemplos:

1. **Pequeno hábito**
   Todos os dias vou escrever UMA frase em inglês. Resultado: no final de um ano, você terá redigido um texto de 3.500 palavras, com o mínimo de esforço, tomando apenas um minuto de seu dia. E um minuto eu sei que você tem, não importa o quão ocupado você estiver.

2. **Pequeno hábito**
Vou escutar UMA música em inglês por dia. No final de um ano, você terá escutado mais de 21 HORAS de inglês. E que esforço há em escutar uma música de meros 3,5 minutos?

O curioso é que, criando um hábito ridiculamente pequeno para ser cumprido todos os dias, isso provavelmente te dará um gosto de "quero mais", para aumentar esse hábito e conquistar seu alvo ainda mais rápido. Eu mesma faço isso. Minha meta é ler uma página de um livro por dia, o que me toma cerca de dois minutos. Mas você acha mesmo que eu vou me impedir de ler duas ou até três páginas quando estiver inspirada? Se a vontade chegar, continue!

Já pensou se depois de um tempo você passa a escrever 10 frases por dia, em vez de uma? Serão 36.500 palavras ao final de um ano! E se escutar três músicas por dia, em vez de uma só, serão 63 horas de inglês.

Consistência é o nome do jogo!

Agora contraste isso com tentar "mover montanhas" logo de início. Você bate no peito e diz:

1. **Eu vou escrever 50 frases em inglês a partir de hoje!**
Sejamos sinceros: é mais provável que você cumpra isso na primeira semana, e depois disso algo acontece que faz a massa do bolo desandar. Você se esquece de fazer por alguns dias, ou fica cansado demais, algum projeto toma o lugar do estudo, e no final de um ano você tem somente aquela primeira semana de resultado e depois precisa reaprender tudo, pois deixou de praticar o que aprendeu.

2. **Vou assistir a um filme inteiro por dia!**
Pois bem, é um ótimo hábito, mas se você tem emprego, família, estudos ou qualquer coisa que te deixe mais ocupado, é um hábito extremamente difícil de implementar, pois filmes são longos, e mesmo sendo uma óti-

ma estratégia, não conheço ninguém que consiga ter tempo para assistir a um filme inteiro todo santo dia.

É bem capaz que você se frustre e acabe deixando esse hábito de lado e se sentindo ainda mais frustrado do que quando começou.

Fator crítico 1: Suas chances de criar um pequeno hábito dependem de sua atual rotina

Escolha algo que você faz diariamente sem falta e "grude" esse novo hábito ao seu hábito rotineiro.

1. **Exemplo A**
   Todos os dias você dorme (eu espero, se você for um zumbi, mil perdões, essa dica não servirá para você). Então, todos os dias, antes de dormir, implemente seu pequeno hábito.

2. **Exemplo B**
   Todos os dias você come uma determinada refeição. Então, todos os dias, após essa refeição, implemente seu pequeno hábito. Dessa maneira você associará um hábito já existente com um novo, tornando ambos um hábito só.

Fator crítico 2: Suas chances de criar um pequeno hábito dependem de seu ambiente atual

Se você quiser escutar uma canção, deixe seu mp3 ou celular perto de onde você executará seu hábito. Se for escrever algo, deixe papel e caneta bem na sua frente.

Se você ignorar seu ambiente, as chances de isso dar certo são mínimas.

Escreva a seguir qual seria um pequeno hábito que você poderia implementar HOJE.

______

Esse pequeno hábito ocorrerá quando? ______

E onde? ______

Repetition is the mother of skill

Já dizia Tony Robbins muitos anos atrás: "A repetição é a mãe da habilidade". Algo que eu interpretaria como "deixe de usar o que já aprendeu e desaprenderá tudo por completo".

Você se lembra de quantas matérias você "aprendeu" no colégio? Português, Matemática, História, Geografia, Educação Física, Física, Química, Biologia, Sociologia... E quanto tempo você passou na escola? Onze ou talvez até doze anos? E depois de tanto tempo, quantas coisas você realmente aprendeu? Quantas coisas você só decorou para passar na prova?

Acho que suas respostas seriam bem diferentes se usássemos tudo o que aprendemos corriqueiramente. Já pensou quão mais fácil seria se tudo o que aprendêssemos no colégio fosse usado duas, três ou até nove vezes nas semanas e meses após a primeira exposição ao conteúdo? Estaríamos vivendo em um país de pessoas altamente qualificadas, e nossos estudos seriam muito mais eficientes.

Então vamos colocar isso em prática? Se você chegou até aqui é porque já aprendeu o vocabulário básico naquelas 44 frases que aprendemos com as 200 palavras mais comuns em inglês.

Mas será que você se lembra do que aprendeu? Vamos ao teste. Preencha o quadro a seguir com a tradução literal ou aproximada das seguintes frases:

Revisão

FRASE EM INGLÊS	TRADUÇÃO
I live in a house.	Eu moro numa casa.
I want an apple.	
The best thing in life is love.	
I like eating bread with cheese.	
I can't (can + not) live without you!	
She is young, but very intelligent.	
He likes football and food.	
I am always right!	
They are angry because they know what I've (I + have) done!	
Some people don't (do + not) think.	
It's (it + is) time for bed!	
Sometimes we need to learn how to be happy.	
I only understand a little about Mathematics.	
Their car is one of those.	
There is something different about us, something special.	
Our family name is Smith.	

Continua

Continuação

FRASE EM INGLÊS	TRADUÇÃO
My phone was here and now it's (it + is) gone!	
That big hat is yours, this small one is mine.	
His parents were really good to him.	
I like her, she has a nice smile.	
No, I did not understand what you said before.	
We will take the little girl to school.	
Do you like watching TV? Me too!	
This place is so big, I will never find where I have to go.	
Could you meet me at the cinema after the movie?	
Someone put a cake on the table.	
These kids love jumping up and down.	
Be careful, there is a bomb under your new car!	
I am from Brazil.	
I write with my right hand, but Nelson writes with his left hand.	
You should follow me, I know the way.	
I hate birds, please take them away!	

FRASE EM INGLÊS	TRADUÇÃO
I need to get a new computer, mine is broken.	
Who would be so cruel to kill a dog?	
When I grow up I want to make more money than my dad.	
Why do you think you are better than him?	
I came here, then I sat on this sofa.	
Because of my health, I must eat less salt.	
Even if it's (it + is) late, we all want to go out and party!	
Every mother goes through a lot of emotion when her first baby is born.	
Soon you will see that any other woman can make you happy.	
Which one do you prefer, the red flower or the blue ball?	
If you just ask, you will receive many sweets.	
I have been to many different countries.	

Agora volte para a página 34 para conferir suas respostas. Se você errou dez ou mais traduções, precisa treiná-las novamente.

Mas como?

Ainda bem que você perguntou!

Know yourself

> "Everybody is a genius. But if you judge a fish by its ability to climb a tree, it will live its whole life believing that it is stupid."
>
> **Albert Einstein**

A tradução desse ditado é "Todo mundo é um gênio. Mas se você julgar um peixe por sua habilidade de subir em árvores, ele passará a vida inteira acreditando ser burro".

Você já reparou que algumas pessoas têm um talento natural para certas coisas? Algumas pessoas se comunicam melhor que outras, outras são mais criativas, outras são mais analíticas etc. Muita gente passa a vida inteira tentando subir numa árvore, quando na verdade ela é um peixe e deveria estar na água, fazendo coisas que peixes fazem. Ok, as analogias com peixes ficam por aqui, pois não manjo nada de peixe. O que quero dizer é que você tem características únicas que compõem sua personalidade.

Isso se aplica para o aprendizado também. Por exemplo, existem pessoas que aprendem melhor ouvindo, outras vendo, outras fazendo. Isso não é difícil de identificar, mas não é o suficiente. Por exemplo, eu aprendo bem visualmente. Eu preciso ver ou ler uma informação para aprender bem. A maioria dos "experts" em educação param por aí. Mas isso não é tudo, porque eu preciso ajustar minha vida para que meu tempo de estudo atenda às necessidades da minha personalidade, assim me mantenho motivada.

E é isso que vamos fazer agora mesmo.

Os quatro tipos de personalidade: Fire — Water — Air — Earth

Existem dezenas de testes de personalidade por aí feitos por especialistas, e talvez você já tenha feito algum deles. Porém o que você talvez não saiba é o que fazer com as informações do teste quando você recebe o resultado.

É justamente isso que quero lhe ensinar. Nós criaremos uma relação entre sua personalidade e as melhores estratégias para que você tenha um plano de ataque para conquistar seus objetivos quando o assunto é aprender inglês. E tenho certeza de que essas informações serão muito úteis e o ajudarão a chegar à fluência.

Antes de descobrir sua personalidade, é bom ressaltar alguns pontos. Em primeiro lugar, todos nós temos um pouco de cada personalidade. O que nos diferencia é a personalidade predominante e mais forte em nosso comportamento. Em segundo lugar, o mais comum é termos uma personalidade dominante primária e uma secundária, então é normal você ser, por exemplo, Fire, Air, Water, Earth etc. O que não é muito comum é você ter uma primária e uma secundária que são opostas. Isso normalmente ocorre se você cresceu com pais com personalidade contrária à sua e acabou se acostumando com certos comportamentos. Se esse for seu caso, não se preocupe, simplesmente escolha a personalidade com a qual você se identifica após ver as descrições.

Faça o teste a seguir para descobrir sua personalidade. Faça o teste duas vezes. A primeira vez deve ser feita com as respostas que têm mais a ver com seu comportamento, e na segunda vez você deve escolher as respostas que ficariam em "segundo lugar". Dessa maneira, você conhecerá sua personalidade primária e secundária.

1. **Quando perco um jogo, minha reação natural é:**

a) Ruim. Fico nervoso, pois odeio perder.

b) Depende. Se eu perder, posso planejar uma estratégia melhor para a próxima vez.

c) Depende. Se estou me divertindo, não é ruim.

d) Neutra. O que importa é estarmos juntos e ninguém brigar.

2. **Me irrito mais com:**

a) Pessoas que se fazem de vítima.

b) Pessoas que levam tudo na brincadeira.

c) Pessoas sérias demais.

d) Pessoas que brigam por tudo.

3. **Sobre ser pontual, eu...**

a) Às vezes me atraso porque tento fazer mil coisas em dez minutos.

b) Odeio me atrasar e também não gosto quando as pessoas não são pontuais comigo.

c) Não ligo muito para horário. Deixo as coisas acontecerem naturalmente.

d) É chato deixar os outros esperando, mas não há problema se me fazem esperar.

4. **Sobre dinheiro...**

a) Sempre quero mais! Afinal, quem não quer um carrão, uma mansão e itens de luxo?

b) Estou sempre ligado em meu saldo e procuro investimentos com bom retorno.

c) Minhas finanças são uma bagunça, esqueço de pagar contas e nunca sei meu saldo ou taxa de juros.

d) Uma boa parte de meu dinheiro é dedicada a ajudar os outros.

5. **Meu modo de vestir é:**

a) Roupas de marca.

b) Roupas que durem um bom tempo e que sejam práticas.

c) Roupas coloridas e que expressam quem eu sou.

d) Roupas confortáveis, cores claras e de preferência tecidos orgânicos.

6. Meu modo de falar é:

a) Confiante e direto ao ponto.
b) Preciso e bem articulado.
c) Expressivo e amigável.
d) Volume baixo e dócil.

7. Sobre amizades:

a) Tenho amigos que me adicionam algo de bom. O resto é resto.
b) Tenho poucos amigos, não vejo necessidade de ter muitos.
c) Tenho tantos amigos que nem posso contar. Adoro fazer amizades.
d) Tenho amizades bem próximas, e pessoas são importantes para mim.

8. Quando tenho um problema:

a) Procuro resolver tudo sozinho.
b) Analiso cada situação pela lógica antes de tomar uma decisão.
c) Conto logo para meus amigos e peço ajuda.
d) Guardo para mim; não quero importunar ninguém com meus problemas.

9. Se eu fosse um carro, seria:

a) O mais invejado por todos.
b) Um que tenha bom custo-benefício.
c) Um que tenha estilo único.
d) Um que seja bom para o meio ambiente.

10. O animal que gostaria de ter:

a) Se pudesse, um tigre feroz.
b) Algo que seja fácil de manter, como peixes.
c) Um bem exótico, como um réptil.
d) Um filhotinho fofo de cão ou gato.

11. Outros me consideram uma pessoa:

a) Determinada
b) Responsável
c) Divertida
d) Generosa

12. Quando vejo um manual de instruções para montar um equipamento...

a) Não confio em manual, eu me viro e consigo montá-lo de um jeito ou de outro.
b) Leio tudo até o final, organizo as peças e somente então começo a montar, seguindo passo a passo.
c) Manual? Normalmente nem percebo que o equipamento tem um.
d) Dou uma olhada, afinal alguém teve um trabalhão para escrever tudo aquilo.

13. Admiro...

a) Pessoas que venceram na vida.
b) Pessoas com lógica impecável.
c) Pessoas que falam o que pensam.
d) Pessoas que procuram melhorar o mundo.

14. Quando compro algo, procuro algo que seja...

a) Do bom e do melhor.
b) Eficiente e com pouca manutenção.
c) Algo que meus amigos recomendaram.
d) Ecológico/ sustentável.

15. Eu me considero uma pessoa:

a) Determinada
b) Inteligente
c) Divertida
d) Gentil

16. Um defeito que dizem que eu tenho é:

a) Ser um pouco teimoso.
b) Ser um pouco indiferente com certas pessoas.
c) Ser um pouco irresponsável.
d) Ser um pouco tímido.

17. Regras são feitas para...

a) Serem reescritas por alguém mais competente.
b) Serem seguidas.
c) Serem quebradas!
d) Serem respeitadas.

18. Meu tipo de comemoração preferida é:

a) Pouca gente em um restaurante de classe.

b) Pouca gente em um lugar prático e econômico.

c) Um festão com vários amigos, muita comida, boa música e alegria.

d) Meus melhores amigos, um lugar calmo que faça bem a todos.

19. Minha ocupação ideal seria:

a) Algo que me dê controle e liberdade.

b) Algo que me faça pensar e crescer intelectualmente.

c) Algo que me dê bastante contato com pessoas e coisas interessantes.

d) Algo que tenha impacto social.

20. Meu amigo não está bem. Eu:

a) Penso: "que pena, mas graças a Deus que não sou eu".

b) Penso em uma solução para o problema.

c) Penso em como fazê-lo se animar.

d) Sinto a dor da pessoa e fico ao seu dispor para qualquer coisa.

Resultado:

Maioria A: Fire

A personalidade Fire é forte e corajosa.

Características: Determinação e esforço.

Motivação: Vencer. Valor econômico.

Pontos fortes: Não mede esforços para conquistar algo que realmente quer.

Pontos fracos: Se distrai com muitas oportunidades, fica quatro semanas sem estudar e tenta tirar todo o atraso em um fim de semana.

Maioria B: Earth

A personalidade Earth é pensativa e geralmente organizada.

Características: Dá preferência à lógica calculada.

Motivação: Fatos e eficiência.

Pontos fortes: Compreende conceitos mais avançados e consegue fazer associações facilmente.

Pontos fracos: Exige muita informação antes de colocar o que aprendeu em prática.

Maioria C: Air

A personalidade Air é alegre e sociável.

Características: Entusiasmo e alegria.

Motivação: Diversão, criar momentos inesquecíveis.

Pontos fortes: A animação da pessoa Air é contagiante, e pequenas vitórias podem levar até a fluência.

Pontos fracos: A pessoa Air desanima quando não encontra recursos divertidos para aprender.

Maioria D: Water

A personalidade Water é calma e sonha com um mundo melhor.

Características: Sonhadora e ajudadora.

Motivação: Ver os outros bem e alcançar o sonho de um mundo melhor.

Pontos fortes: Otimista, porém equilibrada.

Pontos fracos: Sua generosidade suga muito tempo e energia.

Plano de estudos: Fire

Olha, por ser Fire, você provavelmente não precisa que ninguém te diga que você consegue atingir seus objetivos, pois você já sabe muito bem disso. Aliás, muita gente acha que você é um tanto quanto teimoso, e quero que você canalize, vamos dizer assim, essa teimosia para chegar a um certo nível de inglês. Seu objetivo pode ser passar em um exame, assistir ao seu filme predileto em inglês SEM legendas em português, pode ser ter uma conversa de minutos com um nativo... Enfim, você é o dono de seus resultados e também será o dono de todo reconhecimento que colherá quando conseguir conquistar o que realmente quiser. A maioria de nossos alunos sonha em chegar no exterior e conseguir utilizar o inglês no cotidiano — que tal incluir isso no seu objetivo maior? Cada vez que você sonhar com isso, confie que muitos outros alunos já conseguiram alcançar esse sonho. E, sinceramente, eles não são melhores que você.

É preciso ter foco, e aqui quero abrir uma exceção. Sempre prego contra o mau hábito de estudar por muitas horas e ficar um bom tempo sem estudar depois disso. Realmente não é a maneira mais eficiente de todas, mas se você acordar naquele sábado e quiser pegar firme por horas mergulhando na língua, faça isso! Estude e ouça inglês até você não aguentar mais. Sua personalidade faz com que esses períodos de mergulho profundo em uma atividade sejam mais rentáveis.

E se você for uma pessoa bem competitiva, tenho um desafio para você!

Você precisa tomar uma atitude ainda hoje mesmo: fazer uma aposta com alguém sobre seus objetivos em aprender inglês pelas próximas duas semanas. Por exemplo, encontre alguém que quer aprender algo ou pegar firme num hábito novo — alguém aprendendo língua ou se exercitando são boas opções. Façam uma aposta — pode ser em dinheiro, valendo um sorvete, uma pizza, ou seja lá o que for, o importante é criar essa relação em que você terá muito mais a perder se não cumprir.

Alguns exemplos de boas apostas são:

1. Quem for o primeiro a não completar o regime de estudo (ou outra atividade) por um dia perde a aposta.
2. Quem for o primeiro a não completar o regime de estudo (ou outra atividade) por dois dias perde a aposta.
3. Quem for o primeiro a completar dez dias consecutivos de regime de estudo (ou outra atividade) ganha a aposta.

Prefira fazer apostas para uma ou duas semanas, já que prazos longos são mais difíceis de cumprir.

E que tal escolher um prêmio para você mesmo aproveitar toda vez que conseguir cumprir uma semana de estudos de sucesso? Uma boa ideia que vale a pena experimentar é pegar uma nota de um certo valor monetário e colocá-la justamente em seu local de estudos. Após atingir seu objetivo de uma semana, o dinheiro é seu! Se não atingir o objetivo, você terá que tentar novamente na próxima semana.

Plano de estudos: Earth

Se você gasta bastante tempo pensativo, analisando situações, procurando resolver problemas e afins, um aviso: línguas não são ciência. Nem tudo tem uma explicação lógica. Aceite que todos os idiomas são assim, inclusive o seu, e confie na sua habilidade para assimilar conteúdo novo.

Você tem uma curiosidade maior que os outros — isso é um ponto positivo, mas mais do que os outros alunos você precisa ficar de olho na proporção de Prática × Informação. Não se preocupe, o que te levará à fluência será quanto tempo você passa imerso em materiais em inglês, e não o quanto você sabe sobre a língua.

E por falar em materiais em inglês, para você progredir nos seus estudos, é essencial que você defina alguns livros e vídeos de seu interesse ANTES de iniciar seus estudos. Por quê? Bom, porque você naturalmente busca encontrar estruturas que se repetem muito, ou seja, gramática não será um problema para você. Mas como informação só deve representar 20% de seus estudos no máximo, escolhendo uma porção de vídeos e livros interessantes para ver e ler desde agora, não lhe faltarão ideias quando mais precisar.

E se você realmente quiser ir mais a fundo na gramática ou ter algo em sua mão que explica praticamente todos os pontos gramaticais de que você precisará, com exercícios e tudo mais, eu recomendo o livro *English Grammar in Use*, de Raymond Murphy.

Confira também nossa seção sobre dicas de livros para ler. Eu, se fosse você, já encomendaria uns quatro ou cinco para começar — esses livros são bem mais curtos que o normal, então vale a pena comprar mais de um logo de uma vez. Sempre tenha em seu local de estudo algo interessante para ler — pode ser o site da bbc.co.uk, cnn.com, uma revista ou algum áudio em inglês de seu artista/assunto favorito. Lembre-se: quanto mais perto estiver, mais fácil será para você aproveitar esse material. E tudo que existe em inglês é material.

Plano de estudos: Air

Se você está bem entusiasmado com seus objetivos de curto e longo prazo e deseja começar ou recomeçar seus estudos, recomendo que identifique pelo menos dois amigos que estejam "no mesmo barco". Para você, é muito importante aprender com amigos, então é um ótimo negócio! Com esses amigos, crie um grupo de estudos com encontros uma vez por semana para compartilhar aquilo que vocês têm aprendido, incluindo um aluno dando aula para o outro. E se você quiser aproveitar ainda mais, tire um tempo para dar conta do que você fez na semana para chegar mais perto de seu objetivo.

Outra coisa importante é encontrar materiais de seu interesse, acima de tudo. Uma dica que eu sigo faz tempo é escolher um assunto de seu interesse, e digitando a palavra em inglês no YouTube, você encontrará vários vídeos a respeito. Não pare por aí! Assista àqueles de que você gostar e assine o respectivo canal, assim todos os canais que você seguir aparecerão na sua página principal do YouTube. Faça disso um hábito e estará muito mais perto de seu objetivo!

Não se sinta culpado caso você gaste um dia ou outro nas coisas mais divertidas, deixando um pouco de lado a parte de informação, que seria vocabulário, tradução e gramática. Já que aquilo de que você gosta mesmo é a prática, pode ir fundo, pois deve ser a parcela principal de seus estudos. Mas não se esqueça: existem algumas "regras" que são guias gerais que valem a pena conhecer para facilitar sua vida e lhe ajudar a compreender algumas coisas.

Talvez também seja uma boa ideia você colocar pausas no seu dia de estudo. É recomendável não estudar mais de 50 minutos sem pausa, mas para você que não gosta de ficar parado muito tempo, pode ser uma boa ideia ter um *break* depois de 20 ou 30 minutos. É algo para se experimentar, e minha intuição me diz que você renderá mais.

Plano de estudos: Water

Tempo de estudo é tempo sagrado.

Se você tem um professor, combine com ele ou ela de estar presente em uma determinada aula, sem falta. A chave para você pegar firme nos estudos é prometer algo para alguém e cumprir.

Não decepcione você mesmo e aos outros. Basta fazer uma promessa pequena que você saiba que cumprirá. Não prometa o universo, e isso vale para todas as personalidades. Torne-se bom em cumprir promessas pequenas, em vez de não cumprir promessas grandes.

Vamos fazer o seguinte: hoje mesmo eu quero que você escolha um horário para se dedicar aos estudos diariamente, ou pelo menos por três dias na semana. Pode ser? Combinado. Escreva esse horário no seu plano de estudos/caderno/alarme no celular. Esse horário será sagrado — lembre-se de que muitas pessoas vão querer seu tempo e sua ajuda, mas você estará numa posição bem melhor para ajudá-las quando você mesmo já tiver exercitado sua mente aprendendo algo de bom. Quando você se sentir bem consigo mesmo, aí, sim, você será ainda mais útil aos outros.

Outro detalhe é: não tenha medo de pedir ajuda. Todos nós precisamos, e talvez você tenha um pouco de timidez e por isso não tenha coragem de fazer perguntas ao seu professor, tutor ou amigo. Pois você sabia que quando se faz um pergunta, está ajudando a própria pessoa a aprender ainda mais? Dizem que aprendemos MESMO um assunto quando ensinamos a outra pessoa, então toda e qualquer dúvida sua será bem-vinda e ajudará a todos. E se você tiver uma dúvida sobre a matéria, é bem capaz que os outros colegas da turma também tenham.

Outro fator: não tenha vergonha de sua pronúncia. Se isso te atrapalha, grave palavras e frases inteiras no microfone de seu celular algumas vezes, ensaiando e comparando com a pronúncia original. Isso ajudará a construir a confiança necessária para falar inglês com outras pessoas.

Estude no seu ritmo. Talvez você não queira ser o melhor aluno do universo para se mostrar para os outros, mas seus pequenos hábitos e seu ótimo senso de responsabilidade serão importantíssimos. Continue assim!

Análise SWOT de sua personalidade

Assim como empresas de alta performance, você deve analisar quatro pontos: Strengths, Weaknesses, Opportunities e Threats. Ou seja, Pontos Fortes, Pontos Fracos, Oportunidades e Ameaças.

Os dois primeiros são qualidades internas, e os dois últimos, externas.

Confira este exemplo:

STRENGTHS (INTERNAL)	WEAKNESSES (INTERNAL)
Tempo suficiente para aprender Acesso a um bom conteúdo em inglês Bom ouvido	Pouca confiança no speaking Distraio-me com facilidade
OPPORTUNITIES (EXTERNAL)	**THREATS (EXTERNAL)**
Posso me unir a amigos para manter o ritmo Tenho um ótimo amigo fluente que pode me ajudar	Interrupções familiares Posso adoecer

Agora experimente fazer o seu:

STRENGTHS (INTERNAL)	WEAKNESSES (INTERNAL)

OPPORTUNITIES (EXTERNAL)	THREATS (EXTERNAL)

ACTION TIME!

Após fazer o teste de personalidade, preencha as lacunas.

Minha personalidade dominante é ____________________

Minha personalidade secundária é ____________________

De acordo com meu perfil, minhas vantagens são

De acordo com meu perfil, minhas desvantagens são

Meu plano para aproveitar ao máximo minhas vantagens e tornar minhas desvantagens irrelevantes:

Seu plano de estudos

Não basta somente identificar quais são as atividades mais apropriadas de acordo com sua personalidade. É necessário também que você planeje quando e o que vai "estudar" pela próxima semana.

Recomendações:

1. Varie as atividades entre Input (Listening e Reading) e Output (Writing e Speaking).
2. Não estude por mais de 50 minutos diretos. Faça um ***break*** de 10 minutos a cada 50 minutos.
3. Tente estudar todos os dias no mesmo horário e lugar.
4. Avise seus familiares/colegas sobre seu plano de estudos. Crie um vínculo com eles e peça respeito e silêncio nesses horários.
5. Planeje no mínimo três dias por semana.
6. Coloque uma atividade "extra", para o caso de você falhar durante a semana e não conseguir fazer um dos dias.

Exemplo de plano de estudos

Lista de atividades

Input

Ler 20 minutos de um livro infantojuvenil	Ler 10 minutos de notícias em inglês	Escutar um podcast sobre política

Output

Escrever cinco blocos de Flipping + Adding	Treinar pronúncia de frases criadas de Flipping + Adding

Extra

Escutar rádio americana AM — 30 minutos

MON	TUE	WED	THU	FRI	SAT	SUN
Ler 20 minutos; livro	Pronúncia Flipping + Adding do dia anterior	Dia de descanso	Podcast	Ler 20 minutos; livro	Extra: escutar rádio americana AM — 30 minutos	Dia de descanso
Flipping + Adding	Podcast		Flipping + Adding	Pronúncia Flipping + Adding do dia anterior		
	Ler notícias					

Sobre esse exemplo, você pode ter uma dúvida muito comum: "Mas e se eu quiser ter uma rotina igual para todos os dias?" Sim, é permitido, o plano de estudos é seu. Você pode fazer as mesmas duas ou três atividades diariamente, só não se esqueça de encontrar um equilíbrio entre atividades de Input e Output.

ACTION TIME!

Agora é a sua vez! Monte seu plano de estudos.

Meu plano de estudos

Lista de atividades

Input

Output

Extra

MON	TUE	WED	THU	FRI	SAT	SUN

MON	TUE	WED	THU	FRI	SAT	SUN

Aprendendo inglês com filmes

Acho que é o sonho de todo aluno de inglês conseguir assistir a um filme 100% em inglês, sem legendas, e entender absolutamente tudo. É muito legal ter essa meta, esse sonho, mas vamos ver a realidade. Eu falo inglês há mais de 20 anos e entendo filmes em inglês sem precisar de legenda. Mas eu não posso dizer que entendo 100% de tudo que ouço no filme. Por que isso? Pode haver alguma gíria nova no filme, algum regionalismo que desconheço ou então algum vocabulário técnico. Em *E.R.*, por exemplo, que se trata de um seriado americano sobre emergências médicas, nas cenas em que estão atendendo os pacientes, não importa a língua em que estejam falando, eu não entenderia. Isso porque desconheço esse tipo de vocabulário médico.

Quando você assiste a um filme, você está sujeito a isso. Você realmente não vai entender algumas coisas. Não se preocupe. Isso ocorre no bom e velho português também. Inglês não é uma língua mágica em que todo mundo se entende toda hora. Por exemplo, se você já assistiu a *O Auto da Compadecida*, deve ter uma noção do que estou querendo dizer. O regionalismo e o sotaque às vezes dificultam a compreensão do que está sendo falado. Se formos comparar bem o linguajar de cada região do Brasil — Norte, Nordeste, Centro-Oeste, Sudeste e Sul —, perceberemos que há sotaques, gírias e regionalismos que muitas vezes dificultam um pouco (além de tornar bem interessante) a comunicação.

A mandioca de São Paulo, por exemplo, é conhecida como aipim no Rio de Janeiro e macaxeira em Pernambuco. Até mesmo nosso amado pão francês tem variações mil, dependendo do estado e da cidade. Entre elas estão cacetinho, pão de trigo, pão de sal, carioquinha, careca, pão d´água e bengalinha. É a mesma coisa com o inglês. Os regionalismos, as gírias e os sotaques são muito variados (especialmente considerando que inglês é a língua primária de mais de cinco países e usada bastante em outras dezenas).

Então, sim, é possível aprender e entender muita coisa por meio de filmes, mas não se cobre demasiadamente. A questão é saber qual método usar. Existe um debate sobre como aprender melhor assistindo a filmes. Algumas pessoas acham bom assistir com as legendas em português. Eu discordo.

No começo, até achava que talvez para os iniciantes seria interessante. Mas eu mesma experimentei essa técnica. Coloquei o áudio de um filme que queria assistir em francês e as legendas em inglês. O que aconteceu me surpreendeu! Mesmo podendo deduzir o francês que estava ouvindo, meu cérebro fixava direto na legenda em inglês (que considero minha língua quase nativa), e eu não conseguia entender absolutamente nada do francês. Meu cérebro bloqueou a nova língua totalmente. Quando lemos algo, há como se fosse uma vozinha na nossa cabeça falando aquilo que estamos lendo.

Se existir uma voz falando em português dentro da sua cabeça, você acha mesmo que sua mente vai se preocupar com as vozes em inglês no filme? Não. Normalmente essa preferência pela língua nativa acontece porque nossa mente segue pelo caminho de menor esforço. Assim que identificamos uma língua conhecida, toda a nossa atenção é focada nela, e não na que ainda estamos aprendendo. Por isso, acho melhor começar a assistir a filmes com áudio e legendas em inglês.

Aliás, que conjunto perfeito para quem quer exercitar não somente *listening*, mas também *reading*. Quando você está lendo um livro e há uma palavra que você não sabe pronunciar, o que você faz? Você inventa uma pronúncia para aquela palavra. E cada vez que você deparar com aquela palavra novamente, você a lerá com aquela pronúncia inventada sem ao menos saber se está correta. Com as legendas em filmes é possível evitar isso. Quando você ouve a pronúncia de uma palavra e lê como se escreve, isso ajuda a fixá-la na sua cabeça. Então, ao encontrá-la novamente, você identificará a escrita com a pronúncia correta.

Algumas pessoas me perguntam se podem assistir a filmes com áudio em inglês e sem legenda. Costumo dizer que sim, claro! — se acharem que estão prontas para isso. Mas se você prefere se beneficiar com as legendas, também não há problema algum. Aqui em casa todo mundo fala inglês, e sempre colocamos legenda. Afinal, nunca se sabe qual sotaque ou vocabulário será usado no filme. Portanto, não há problema em usar legenda.

No entanto, tenho dois alertas para você que quer aprender inglês por meio de filmes.

1. **Alerta #1**

   Não assista completamente preso ao dicionário. Procure relaxar quando você estiver assistindo e tente entender a história. Você não compreenderá 100% de todas as falas, mas o que entender poderá ser o suficiente. Afinal, é possível também interpretar a história por meio dos recursos audiovisuais, como a linguagem corporal, as expressões faciais, o tom das vozes, a montagem e sequência das cenas, a trilha sonora e muitas outras coisas que darão dicas do que está acontecendo. Isso é uma vantagem que você não terá em outras situações, como ao ler um livro em inglês.

   Sendo assim, quando você deparar com uma palavra que não entende e que lhe chame atenção, pode acontecer uma das duas coisas: (1) seu cérebro reterá aquela palavra, e ao final do filme você poderá procurar o significado; ou (2) você entenderá seu significado ao longo do filme, porque uma palavra que você não conhece pode ser repetida várias vezes, permitindo que você acabe descobrindo o que quer dizer.

2. **Alerta #2**

   Não traduza. Corte de uma vez por todas a mania de querer traduzir tudo que vê pela frente. Você precisa entender e assimilar, mas não traduzir. A não ser que você queira seguir carreira de tradutor e intérprete. Caso contrário, não traduza.

Vamos colocar tudo isso em prática?

Você poderá fazer o exercício depois que assistir a um filme, e isso vai ajudá-lo a exercitar seu inglês. Vamos lá!

1. Ao final do filme, escolha no mínimo três frases que lhe chamaram atenção e anote-as. Pode colar. Volte ao filme e dê uma olhadinha de novo nas cenas. Então pronuncie essas frases de acordo com aquilo que você ouviu no filme.
2. Para cada frase, escreva mais duas frases parecidas para exercitar seu vocabulário. Por exemplo, se eu escolhi a frase "We're not allowed to go there", posso criar, a partir dessa frase, a sentença "We're not allowed to stay here". Mudei as duas últimas palavras e criei uma frase nova. Fazer isso nos estimula a pensar em inglês.

Quais filmes assistir? Alguns filmes são mais difíceis do que outros. Por exemplo, aqueles que usam muito vocabulário técnico, como *SWAT* e outros filmes do gênero policial. Filmes de fantasia, como *O Senhor dos Anéis* e *Piratas do Caribe*, também. Alguns filmes são um pouco confusos, como *Onze homens e um segredo*, assim como seus sucessores. Isso não quer dizer que você não possa assistir a esses filmes. Aliás, eu recomendo, são muito bons. Mas se você está assistindo com o intuito de aprender inglês, eles serão mais avançados e talvez você tenha dificuldades para entender. Existem alguns tipos de filmes que recomendo que são mais fáceis de assimilar. Por exemplo, *Spiderman*... todos os filmes do Homem-Aranha são claros, a história é fácil de entender, o inglês é bem compreensível. Isso também ocorre com outros filmes de super-herói, como *Superman*, *Ironman*, *O Incrível Hulk*, *Quarteto Fantástico* etc. Comédias românticas e filmes considerados mais família também são muito bons.

Alguns títulos: *O amor não tira férias*, *Vestida para casar*, *Um amor para recordar*... Filmes da Disney também, em geral, são mais fáceis, como *As crônicas de Nárnia*, *Encantada*, *High School Musical* etc.

Se você gosta de sotaque britânico, aqui vai uma pequena lista de alguns filmes: *Simplesmente amor*, *Um lugar chamado Notting Hill*, aliás, não é Nothing Hill, senão seria o "monte do nada". Notting Hill é um bairro de Londres que você pode visitar e comprar algumas bugigangas numa feira famosa que acontece aos domingos. Veja também *Quatro casamentos e um funeral, Garotas do calendário, Shakespeare apaixonado* e qualquer filme do Harry Potter ou do 007.

ACTION TIME!

Escreva duas opções de filme para assistir neste fim de semana, com legendas em inglês. Caso seja iniciante, assista a um filme cuja história você já conhece, para facilitar a compreensão.

Opção 1: ____________________

Opção 2: ____________________

Dois tipos de alunos — Qual deles você é?

Existem no mundo dois tipos de alunos de todas as matérias: o aluno estático e o aluno dinâmico. O estático tenta por anos aprender inglês sem sucesso, sem saber que ele mesmo pode consertar a situação. Já o aluno dinâmico, sabendo ou não, faz um conjunto de coisas certas na hora certa e consegue um resultado dez vezes melhor do que qualquer um.

Para falar a verdade, eu poderia usar este livro inteiro só para convencê-lo de que "a culpa não é sua", que, de alguma maneira, muitas escolas de inglês o enganaram e é por isso que você ainda não é fluente. E, sinceramente, isso pode até ser verdade. Eu cresci nesse ramo e posso garantir que tem muita gente desonesta nesse meio. Porém, eu realmente não quero te fazer de vítima, pois, como você já sabe, se você acreditar que a vítima é você, esse pensamento vai te paralisar. E é justamente isso que um aluno estático faz: ele permite que seja derrotado pelo seu psicológico. E não por ser uma pessoa ruim ou com baixa inteligência. Muito pelo contrário. Vemos pessoas incrivelmente inteligentes se tornando estáticos, pois deixaram que crenças e pensamentos irreais se tornassem um peso enorme a ser carregado desnecessariamente. Então vamos lá... deixe e explicar exatamente quais são os sintomas que fazem de uma pessoa com boas intenções um aluno estático.

O aluno estático

» **Sintoma 1 - Falta de comprometimento**
O aluno estático não tem compromisso consigo mesmo e nem com uma metodologia. Começa e para, começa e para. Nunca vai até o fim. Deixe eu mostrar por que isso é uma péssima ideia. A maioria das pessoas ainda pensa que aprender uma língua é igual a correr uma maratona. você segue um ritmo megadoloroso por uma eternidade e depois "dá um gás" no final, cambaleando para ultrapassar a linha de chegada como um raro sobrevivente. Isso não existe. Deixe-me ilustrar isso de forma bem clara.

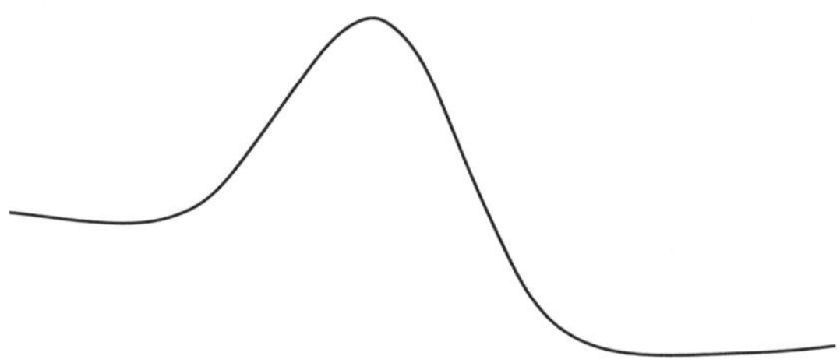

Esse diagrama é o que nós chamamos de *learning curve*, ou curva de aprendizagem. Serve para qualquer coisa que você quiser aprender na vida. Eu inverti essa curva para ilustrar o quanto de esforço você precisa investir em cada estágio. Quando você começa a aprender algo novo, precisa investir bastante esforço, tudo é novidade, tudo soa estranho etc. Mas aí você continua por um tempo. Depois de um certo ponto, acontece uma coisa mágica... muitos alunos nossos descrevem esse estágio como o "estalar dos ouvidos" — é justamente aqui que tudo fica muito mais fácil. Isso ocorre porque, como você aprende no decorrer deste livro, o vocabulário básico que forma 65% de tudo que você lê e escuta em inglês é composto de somente 200 palavras. Ao dominar essas palavras, você consegue entender o contexto de muitas histórias, artigos, vídeos etc. Ao dominar as próximas 500 ou 600 palavras, você deve compreender entre 80% e 90% do idioma, ou seja, já domina o suficiente para se comunicar e entender muita coisa, que serve como um alicerce fortíssimo para a aquisição de palavras mais avançadas.

» **Sintoma 2 - Síndrome do copo vazio**

Esse sintoma é perigoso porque **cada** vitória, por menor que seja, **precisa** ser comemorada. Faça uma dancinha, coma um chocolate, conte para alguém que se importa... Olha, se você só sabe 10 palavras em inglês, use essas 10. Cedo ou tarde as 10 viram 100, 1.000, 10.000, e por aí vai. Dica: para ser fluente em inglês você não precisa saber mais de 3.000 palavras. Como expliquei anteriormente, a maior fatia do vocabulário comum está nas 200 palavras mais utilizadas. O que isso quer dizer? Que você não começa a entender inglês depois de vários meses. Ao estudar essas palavras iniciais, já é possível entender bastante coisa.

» **Sintoma 3 - Fazer o mínimo possível**

Você já teve um trabalho para entregar na segunda-feira? Que você começou no domingo? Durante o Fantástico? Contando as palavras para chegar no mínimo e entregar dali a umas horinhas? Como você deve ser um aluno exemplar, é bem provável que não, imagine!

Quando a gente faz o mínimo, e ainda mais de qualquer jeito, parece que a Lei de Murphy entra no modo turbo. Dá branco, o pouco que você sabe esquece, você derruba café no trabalho, e até a impressora entra em greve.

» **Sintoma 4 - Acreditar que existe uma pílula mágica**

O aluno estático sai em busca dessa pílula mágica, acreditando que pode aprender inglês sem esforço algum. Seja dormindo, por meditação ou até por osmose. Mal posso contar o número de pessoas que entram em contato comigo querendo saber se é possível aprender inglês em poucos meses. Minha resposta é sempre a mesma. Então se você já se perguntou isso, aí vai:

> “Sim, é possível aprender inglês, ou algum outro idioma simples, em poucos meses. A única ressalva é que com menos dedicação, mais esforço e tempo são exigidos.”

Se você realmente acredita que é possível sair falando inglês fluentemente em três meses apenas frequentando uma escola de inglês tradicional com duas aulinhas por semana e o restante das 166 horas sendo gastas com outras coisas, sinto em ser a mensageira da dura realidade que é a vida: a conta não bate.

Morei na Irlanda do Norte por bastante tempo. A capital, Belfast, apresenta, entre outros atrativos, um fato histórico único. Ao notar dois grandes guindastes no porto, você vê vestígios do nascimento da Belfast moderna. Esses dois guindastes, apelidados carinhosamente de Samson and Goliath, marcam o local onde, em 1912, o famoso, ou infame, Titanic foi construído. Todo mundo conhece a história. Era o navio mais gigantesco e luxuoso da época, e a imprensa do mundo inteiro foi ver o batismo do maior navio do mundo, em Belfast. A confiança no Titanic era tão grande, mas tão grande, que o número de barcos salva-vidas era bem inferior ao número de passageiros a bordo. Daí a frase fatal: "Nem Deus pode afundar esse navio". É triste, mas antes de completar sua primeira jornada, o Titanic afundou, matando mais de 1.500 passageiros.

Olha, a lição que podemos tirar disso não é tão óbvia assim, mas é algo que aprendi ao longo dos anos: "A única pessoa responsável por você é você mesmo".

Os passageiros do Titanic botaram sua fé no navio, mas o navio estava nas mãos de pessoas que não colocaram os passageiros em primeiro lugar. Nenhum passageiro se preocupou em contar a capacidade dos botes salva-vidas, senão teria facilmente descoberto a grande falha. A mesma coisa acontece com nossa vida pessoal: para você chegar ao seu destino, se você depender simplesmente do barco onde todo mundo está, sem questionar qual é o melhor caminho para você, você corre o sério risco de se afogar.

Como você pode ver, o aluno estático acaba se autossabotando, que é justamente o contrário de tudo que o aluno dinâmico faz.

Agora é a hora da verdade.

ACTION TIME!

Se você desconfia que tem um pouco de aluno estático dentro de você, responda a essas perguntas:

1. Você já perdeu a motivação para aprender inglês e desistiu de um ou mais cursos? Quais?

2. Você olha para outros alunos com um pouco de "inveja" e não entende por que você não conseguiu aprender tão rápido? Em que momento se deu conta disso?

3. Você já tentou aprender somente fazendo o mínimo necessário para passar? Qual foi o resultado?

4. Quando não tem o resultado esperado, você culpa sua escola/professor/franquia/livro/pais/governo ou falta de recursos? Qual foi a última vez que você fez isso?

Eu já vi um pouco de tudo, e, sinceramente, é muito raro conhecer alguém que não tenha nenhuma dessas características. Mas são esses detalhes bem pequenos que, no final das contas, decidem se você será um eterno aluno estático e frustrado ou um aluno dinâmico e fluente.

O aluno dinâmico

Agora quero contar o segredo principal de todo aluno dinâmico. Sim, todo aluno dinâmico, sem exceção, faz uma certa coisa, independentemente de idade, experiência ou nível. Esse segredo combate todos os sintomas do aluno estático. Mas antes quero contar um pouco da minha história.

Sabe, hoje eu converso em inglês naturalmente como se fosse minha primeira língua, e já cansei de receber uns olhares até meio duvidosos quando falo que inglês não é minha língua nativa. Mas eu não fui sempre assim. Aliás, tenho uma confissão a fazer para você: inglês era a minha pior matéria na escola. E olha só a minha situação: a professora de inglês da minha escola era MINHA MÃE! Eu sei o que você está pensando: "que humilhação".

Eu me lembro de um dia especificamente, antes de fazer prova na escola, que ela me passou um teste extra para eu "me preparar", afinal pegaria muito mal se eu, a filha da professora, não passasse justamente no inglês. E eu tinha uma certa dificuldade mesmo. Eu não conseguia lembrar das palavras, porque me dava um branco. Lembro-me de que naquela mesma turma havia outras crianças com o inglês bem melhor que o meu. Acho que nem preciso dizer que eu sentia uma ligeira "inveja" desses outros alunos, que pareciam absorver vocabulário como se fosse a coisa mais simples do mundo. Porém, a garota que não ia muito bem no inglês teve a oportunidade de morar no exterior. Foi então que uma coisa simples mudou.

O meu cérebro era o mesmo, as minhas dificuldades eram as mesmas, eu ainda era tímida, mas... eu fui obrigada a utilizar esse tal segredo dos alunos dinâmicos. E foi assim que eu me tornei fluente. E não, simplesmente morar num país onde se fala inglês não torna você fluente. Esse conceito já caiu por terra, e conheço muitos brasileiros no exterior que ainda não falam inglês. Aliás, se você parar para pensar, talvez já tenha visto aquelas lojas chinesas, onde algumas pessoas ainda não falam português, mesmo morando no Brasil há décadas. Acredite ou não, mas até mesmo em São Paulo existem pessoas estrangeiras que não falam português. O fato de estar em outro país é uma imensa oportunidade para você aprender bem e rapidamente. Mas a realidade é que o indivíduo precisa estar aberto a isso, precisa também experimentar uma nova cultura de cabeça aberta, e não se fechar no "gueto linguístico de seu país", realidade que hoje encontramos nas maiores cidades brasileiras. Nova Iorque, por exemplo, tem uma área chamada "Little Brazil". Londres conta com pelo menos dois pontos onde, ao caminhar pela rua, você pode comprar uma coxinha, ir a um restaurante brasileiro e ouvir português nas ruas. Ter uma comunidade desse tipo tem seu valor, principalmente quando a saudade bate mais forte, mas somente se arriscando em bairros onde o inglês é o único meio de comunicação é que se aprende de verdade. E sim, você pode aprender inglês mesmo não tendo uma tendência natural para línguas. Se eu consegui, você também consegue.

Mas voltando ao assunto de habilidades... Um dia eu estava lendo um bate-papo entre dois poliglotas que manjam muito de aquisição de línguas e como nosso cérebro funciona e tal... Eu me senti como se estivesse na sala com eles, observando tudo. Foi aí que um deles falou algo que revolucionou a maneira de eu enxergar o inglês. Ele disse mais ou menos assim, com sotaque russo que não vou nem tentar imitar:

> "As pessoas não entendem que aprender uma língua não é só informação, e sim prática."

Aí eu vi os céus se abrirem e os anjos tocarem harpa, porque eu mesma colocava isso em prática, mas não sabia explicar para meus alunos que esse era o segredo do sucesso. Todos os meus melhores alunos durante anos, ou seja, os alunos dinâmicos, faziam isso — eles praticavam. E após esse dia, passei a analisar todo e qualquer curso da seguinte maneira:

Para eu ter sucesso em tal área, eu vou precisar ter mais **informação** ou mais **prática**?

e

Esse curso me oferece a **proporção certa de prática**?

A partir dessas perguntas eu consigo analisar em questão de segundos se um curso será bom para mim. É esse entendimento tão simples, mas tão profundo, que eu quero que você entenda.

Escute, se você já se sentiu desanimado tentando aprender inglês, lembre-se disso: assim como você aprendeu outras habilidades com prática, e não só com informação, você pode aprender inglês com prática. É simples assim! E o que seria "prática" quando você está aprendendo uma língua? Anote aí: escutar, ler, escrever e falar. E o que seria informação? Anote aí também: vocabulário, tradução e gramática.

O problema é que a maioria das escolas de línguas não entende isso, ou não quer entender, pois, cá entre nós, é muito mais trabalhoso ter uma escola onde a prática do inglês é o ponto principal. É bem mais fácil e muito mais barato mandar o professor ficar explicando pela vigésima vez o tal do verbo "to be". Como eu disse, informação seria: vocabulário, tradução e gramática. Então vamos ver o que acontece quando se estuda somente o lado de informação?

O resultado é um aluno que conhece muitas palavras e com isso consegue ler razoavelmente bem. Um aluno que sabe o que é present perfect, prepositions, clauses e mais um monte de nomenclatura que nem eu sei.

Mas na hora H, na hora de escutar e falar de verdade, ter só informação é um verdadeiro desastre. Diga-me, quem é que tem tempo para lembrar de regra de gramática quando precisa perguntar para o garçom onde fica o toalete? E quem fica dando pausa na vida real para tentar decifrar o que é que um gringo está falando?

Assim como é impensável você tentar aprender uma habilidade sem prática, aprender inglês com informações somente, sem praticar, é igualmente desastroso.

Se você tiver que esquecer de tudo o que eu informar neste capítulo e se lembrar de uma coisa só, que seja isso:

Aprender inglês é como
andar de bicicleta.

Sem prática não funciona.

ACTION TIME I!

Recomendação: 80% de prática e 20% de informação.

Sua tarefa é tirar cinco minutinhos agora mesmo para pensar nas últimas "lições" de inglês que você completou. Nesse caso, vamos considerar como lição de inglês tudo: todo tempo que você passou estudando, lendo, vendo filmes ou escutando algo em inglês. Faça uma lista de todas as atividades que você fez e aproximadamente quantos minutos gastou em cada.

Atividades:

1. ______________________________

2. ______________________________

3. ______________________________

Ok, agora identifique quais desses itens foram prática e quais foram informação. Qual é a sua proporção?

1. ______________________________

2. ______________________________

3. ______________________________

Se sua prática estiver em menos de 80%, basta você adicionar alguns minutos a mais de prática ao seu estudo diário.

ACTION TIME II!

Responda às perguntas a seguir:

Quais são as duas perguntas que você deve fazer para analisar a eficácia de um curso?

1. ______________________________

2. ______________________________

Qual deve ser a proporção de prática × informação para aprender bem um idioma?

___ ***de prática e*** ___ ***de informação.***

"Informação" significa quais atividades?

____

____

____

____

Confira as respostas no final do livro.

Vocabulário ativo × Vocabulário passivo

A aquisição de vocabulário se dá por diversos meios. Alguns, propositais, como tempo de estudo focado. Alguns momentos, porém, proporcionarão oportunidades de adquirir novo vocabulário de forma natural. Por meio de músicas, filmes, trechos de textos, não é incomum que seu cérebro comece a deduzir certas palavras, coletando peças do quebra-cabeça sem tanto esforço. Independentemente de como isso acontece, o importante é reter aquilo que você aprende.

Mas como? É preciso primeiro definir dois tipos de vocabulário: ativo e passivo. Vocabulário ativo é aquele que você não somente entende, mas também sabe como utilizar em frases completas. Já o vocabulário passivo é aquele que você entende o suficiente para extrair o sentido de uma frase, mas não sabe ao certo como utilizar ou mesmo pronunciar e escrever. O grande desperdício está em ignorar essas palavras em seu vocabulário passivo e pensar que nunca precisará delas ou até mesmo se esquivar de utilizá-las por um longo período. Isso faz com que toda a energia investida em entender o significado da palavra seja jogada fora ao não utilizá-la de maneira ativa, pois, cedo ou tarde, o que não usamos, perdemos, ou ,como diria o ditado em inglês: "If you don't use it, you lose it".

Qual é a diferença entre vocabulário ativo e vocabulário passivo?

Confira a resposta no final do livro.

Adding and flipping

O segredo é ter um processo eficiente para transformar todo vocabulário passivo em ativo, e para isso eu tenho uma solução que você certamente irá adorar. De todos os truques, dicas e sacadas que já publiquei como educadora, essa solução é uma das mais potentes. Creio que você concordará com milhares de outros alunos que atestarem sua eficácia quando colocar em prática.

Pois bem, agora apresento-lhe os dois exercícios que mais têm chances de agilizar esse processo.

Os dois exercícios se baseiam em um conceito muito simples de pegar uma frase base e modificá-la a ponto de criar novas frases. Quais são os benefícios disso? Você pratica aquilo que já sabe, porém explora novas maneiras de expressar uma ideia, o que lhe dá mais e mais confiança para utilizar as estruturas gramaticais. Outro benefício é justamente a solidificação do vocabulário e a transformação dele de passivo para ativo. Por que é tão eficaz? Creio que o processo criativo seja parte crucial do aprendizado. Adding e flipping são exercícios que oferecem bastante liberdade ao aluno, mesmo que iniciante, e é justamente essa liberdade e criatividade que servirão como fermento na fase intermediária de estudo, quando o aluno precisa se tornar cada vez mais independente.

Adding se resume a adicionar palavras à frase base; e flipping, substituir palavras da frase base.

Então, mãos à obra.

Adding

Passo 1: Escolha uma frase base.

Exemplo: ***I like to go to church.***

Essa frase não precisa ser complicada. Aliás, no início, quanto mais simples, melhor. Escolher uma frase base muito complexa pode tornar suas criações demasiadamente longas. Guarde a complexidade para quando estiver dominando os exercícios. Cuidado! É preciso escolher uma frase que esteja gramaticalmente correta. Para isso, sugiro que a extraia de textos de livros, revistas e sites de notícia de confiança.

Passo 2: Adicione uma (ou mais, somente se necessário) palavras à frase base.

Exemplo: ***I like to go to church sometimes.***

Neste exemplo conseguimos deixar a frase um pouco mais específica com a adição de somente uma palavra. Perfeito! Mas e se tentássemos expressar que gostamos de ir à igreja todas as semanas? Nesse caso, exigiria a adição de duas palavras, o que é permitido, sem problemas. Ficaria da seguinte forma.
Exemplo alternativo: ***I like to go to church every week.***

Passo 3: Adicione uma (ou mais, somente se necessário) palavras à frase anterior.

Exemplo: ***Sheila and I like to go to church sometimes.***

Sim, é permitido adicionar palavras antes ou depois e até no meio da frase base. Você é quem escolhe. Lembre-se de que sua nova frase base é justamente a última que você mesmo criou.

Passo 4: Adicione uma (ou mais, somente se necessário) palavras à frase anterior.

Exemplo: ***Sheila and I like to go to our church sometimes.***

Passo 5: Adicione uma (ou mais, somente se necessário) palavras à frase anterior.

Exemplo: ***Sheila and I like to go to our beautiful church sometimes.***

Pronto! Acabamos de completar um segmento inteiro de adding. Com uma frase base simples e mais quatro frases criadas por nós, conseguimos expandir a ideia em algo bem mais robusto e rico. Passamos da simples "I like to go to church" até a "Sheila and I like to go to our beautiful church sometimes". Veja como você rapidamente se acostumará a se expressar de forma mais completa com o exercício de adding. Gostou? Então continuemos, pois agora quero mostrar o exercício de flipping.

Are you ready?

Flipping

Passo 1: Escolha uma frase base.

Exemplo: ***I like to sing in church.***

Assim como no exercício de adding, mantenha essa frase simples e gramaticalmente correta (nada de retirá-la de uma música sem antes averiguar sua precisão! Evite também frases muito curtas com apenas um verbo que não pode ser aplicado por humanos, como fenômenos da natureza) para o exercício de flipping. Por exemplo, a frase "It rained" é perfeita para o adding, ou seja, adição de palavras novas, mas terrível para flipping, ou seja, substituição das palavras existentes na frase base.

Passo 2: Substitua uma (ou mais, somente se necessário) palavras da frase base.

Exemplo: **We like to sing in church.**

Neste exemplo mudamos um pouco o sentido da frase. É justamente esse o conceito. Perfeito! Mas e se tentássemos expressar que "ele gosta de cantar na igreja"? Nesse caso, exigiria a substituição do "We" pelo "He", mas também precisaríamos modificar o verbo de "like" para "likes", o que é permitido, sem problemas. Ficaria da seguinte forma.
Exemplo alternativo: **He likes to sing in church.**

Lembrando que no flipping o conceito não é adicionar palavras, e sim substituí-las a cada nova criação de frase.

Passo 3: Substitua uma (ou mais, somente se necessário) palavras da frase anterior.

Exemplo: **We like to sing in school.**

Lembre-se de que sua nova frase base é justamente a última que você mesmo criou.

Passo 4: Substitua uma (ou mais, somente se necessário) palavras à frase anterior.

Exemplo: **We like to sing in pre-school.**

Passo 5: Substitua uma (ou mais, somente se necessário) palavras à frase anterior.

Exemplo: ***George** likes to sing in pre-school.*

Com a substituição de "We" por "George", se faz necessário adequar o verbo de "like" para "likes".

Turbinando adding e flipping

Quer tirar o máximo proveito desses exercícios? Assim que terminar de montar um segmento, pegue seu celular e grave sua própria voz lendo as frases. Não tem com quem conferir a pronúncia correta? Não há problema. Hoje em dia, com uma simples pesquisa no Google você pode encontrar a pronúncia de praticamente qualquer palavra em inglês.

E por que gravar sua própria leitura pode ser tão eficaz? Além de criar intimidade e prática na língua, ao reproduzir sua leitura e compará-la com a pronúncia nativa, você verá erros básicos sendo cometidos não só em pronúncia, mas também em intonação. Afinal, o que é melhor: errar para si mesmo e encarar o uso do inglês já ensaiado ou tentar improvisar algo que você nunca treinou na hora de falar com um nativo?

Variações híbridas

É válido utilizar um segmento híbrido, com uma frase base qualquer, e a cada adição revezar entre adding e flipping? Sim, é claro! Sugiro que experimente pelo menos fazer um segmento completo de cada tipo, como detalhado aqui, e que depois crie suas próprias versões.

Agora é sua vez! Utilize o espaço a seguir para a criação de seus primeiros segmentos de adding e flipping.

Adding

Frase base: ______________________________

Criação 1: ______________________________

Criação 2: ______________________________

Criação 3: ______________________________

Criação 4: ______________________________

Flipping

Frase base: ______________________________

Criação 1: ______________________________

Criação 2: ______________________________

Criação 3: ______________________________

Criação 4: ______________________________

Híbrido (Opcional)

Frase base: ______________________________

Criação 1: ______________________________

Criação 2: ______________________________

Criação 3: ______________________________

Criação 4: ______________________________

Desmistificando os verbos

Quando ouço alguém reclamar dos verbos ou colocá-los como empecilho para o aprendizado em inglês, fico um pouco confusa. Os verbos na língua inglesa talvez sejam os mais fáceis de se aprender dentre centenas de línguas e, comparados ao português, são ridiculamente simples. A partir de agora você nunca mais terá dificuldade com os verbos, pois aqui vai uma explicação que clareará sua mente. Vamos a um exemplo básico com o verbo "fazer".

Em português

PRONOME	PRESENTE	PASSADO	FUTURO
Eu	Faço	Fiz	Farei
Tu	Fazes	Fizeste	Farás
Ele/Ela	Faz	Fez	Fará
Nós	Fazemos	Fizemos	Faremos
Vós	Fazeis	Fizestes	Fareis
Eles/Elas	Fazem	Fizeram	Farão

Como você pode ver, em uma pequena amostra da língua portuguesa (omitindo pretérito imperfeito, pretérito mais-que-perfeito, futuro do pretérito condicional e outras várias conjugações) temos 18 variações do verbo, que certamente não são o suficiente para uma pessoa se expressar corretamente em qualquer situação.

Em inglês

PRONOUN	PRESENT	PAST	FUTURE
I	Do	Did	Will do
You	Do	Did	Will do
He / She /It	Does	Did	Will do
We	Do	Did	Will do
You	Do	Did	Will do
They	Do	Did	Will do

Já em inglês, explorando o mesmo verbo, vemos somente quatro: do, does, did e will do. Se formos explorar as conjugações omitidas, encontraremos doing, have done, would have done e would do, somente.

Então já podemos desmitificar que os verbos em inglês são difíceis, pois realmente não são. Diante disso, quais são as dificuldades do aluno brasileiro ao aprender os verbos em inglês? Vamos ver e destrinchar ponto por ponto.

Desmistificando verbos irregulares

Verbos irregulares em inglês são apenas aqueles verbos que "saem do óbvio" quando os colocamos no passado. Vejamos primeiro uma lista breve de verbos regulares (normais). Antes de mais nada, saiba que "past participle" simplesmente indica um tipo de passado alternativo, que explicaremos mais a fundo logo a seguir.

Verbos regulares

VERB	PAST	PAST PARTICIPLE
Look	Looked	Looked
Talk	Talked	Talked
Jump	Jumped	Jumped
Point	Pointed	Pointed

Ok, aqui não precisamos ser gênios linguísticos para perceber que os verbos regulares terminam em "ed" quando ficam tanto no past quanto no past participle. Porém, algumas pessoas causam alarde quando deparam com verbos no passado ou passado particípio que fogem desse padrão. Alguns exemplos na tabela a seguir.

Verbos irregulares

VERB	PAST	PAST PARTICIPLE
Do	Did	Done
Make	Made	Made
Be	Was/Were	Been
Say	Said	Said

A verdade é que em inglês nós temos muito mais verbos regulares do que irregulares. Porém, os verbos irregulares estão entre os mais comuns no dia a dia, dando a impressão de que os verbos no passado são difíceis. Para aprendê-los facilmente, basta você incluir os verbos em seu regime de estudos pouco a pouco, criando frases com as variações dos verbos como nos exercícios adding e flipping, mostrados na página 93.

E para facilitar sua vida, aqui vai uma lista parcial dos verbos irregulares mais comuns.

Verbos irregulares comuns

VERB	PAST	PAST PARTICIPLE	TRANSLATION
Be	Was/Were	Been	Ser/Estar
Beat	Beat	Beaten	Bater/Ganhar
Say	Said	Said	Dizer
Make	Made	Made	Fazer
Take	Took	Taken	Levar
Come	Came	Come	Vir
Go	Went	Gone	Ir
See	Saw	Seen	Ver
Know	Knew	Known	Saber
Get	Got	Got/Gotten	Obter
Give	Gave	Given	Dar
Find	Found	Found	Encontrar
Think	Thought	Thought	Pensar
Tell	Told	Told	Contar/Dizer
Become	Became	Become	Transformar-se
Show	Showed	Shown	Mostrar
Leave	Left	Left	Partir
Feel	Felt	Felt	Sentir
Put	Put	Put	Colocar
Bring	Brought	Brought	Trazer
Begin	Began	Begun	Começar
Keep	Kept	Kept	Manter/Guardar
Hold	Held	Held	Segurar
Write	Wrote	Written	Escrever
Stand	Stood	Stood	Ficar de pé
Hear	Heard	Heard	Escutar

VERB	PAST	PAST PARTICIPLE	TRANSLATION
Let	Let	Let	Permitir/Alugar
Mean	Meant	Meant	Significar
Set	Set	Set	Ajustar
Meet	Met	Met	Encontrar
Run	Ran	Run	Correr
Pay	Paid	Paid	Pagar
Sit	Sat	Sat	Sentar
Speak	Spoke	Spoken	Falar
Lie	Lay	Lain	Deitar-se
Lead	Led	Led	Liderar
Read	Read	Read	Ler
Grow	Grew	Grown	Crescer
Lose	Lost	Lost	Perder
Fall	Fell	Fallen	Cair
Send	Sent	Sent	Enviar
Build	Built	Built	Construir
Understand	Understood	Understood	Entender
Draw	Drew	Drawn	Desenhar
Break	Broke	Broken	Quebrar
Spend	Spent	Spent	Gastar
Cut	Cut	Cut	Cortar
Rise	Rose	Risen	Levantar
Drive	Drove	Driven	Dirigir
Buy	Bought	Bought	Comprar
Wear	Wore	Worn	Vestir
Choose	Chose	Chosen	Escolher

Desmistificando o present perfect

Em inglês, existem dois tipos de passado. O simple past (passado simples) e o present perfect, que não tem equivalência perfeita no português. O porquê disso não vem ao caso, pois se trata de um estudo profundo sobre as origens da língua inglesa e portuguesa. O problema é que muitos alunos brasileiros se prendem em diferenciar a razão do uso de um verbo *versus* o outro. Tentam discernir entre um "passado recente" e um "passado antigo" e caem na armadilha de tentar analisar a tal ponto que não conseguem se expressar nem de uma forma nem de outra. Por muito tempo ensinamos que o tal do present perfect é utilizado quando "uma ação já foi executada, mas o tempo no qual ela foi executada ainda não". Pode estar correto, mas como o present perfect não tem equivalência no português, essa explicação pode confundir ainda mais o uso desses verbos.

Posso te contar um segredo? Os nativos em sua maioria não saberiam explicar a diferença entre um e outro nem se suas vidas dependessem disso. Eles simplesmente sabem como utilizar um verbo *versus* o outro baseados naquilo que ouvem falar, e assim o fazem com naturalidade. Vejamos um exemplo de simple past × present perfect.

PRONOUN	SIMPLE PAST	PRESENT PERFECT
I	Did	Have done
You	Did	Have done
He/She/It	Did	Have done
We	Did	Have done
You	Did	Have done
They	Did	Have done

Como você provavelmente não teve o privilégio de nascer em um país onde o inglês é a língua oficial, vou te ajudar com uma simples frase que acabará de uma vez por todas com sua dúvida de qual tipo de verbo passado usar. Você gostaria de conhecer uma regra simples e infalível para saber qual dos verbos utilizar? Aqui vai:

"Ao mencionar um ponto específico no passado, o simple past é obrigatório. Não mencionando, use o que preferir."

Se não ficou claro, vamos ver uns exemplos. Vejamos uma conjugação dos passados do verbo "eat" (comer).

PRONOUN	SIMPLE PAST	PRESENT PERFECT
I	ate	have eaten

Eu quero expressar que eu comi uma maçã ontem.

O correto é: "I ate an apple yesterday". Ao mencionar um ponto específico no passado (ontem/yesterday), o simple past (ate) é obrigatório.

E se quiséssemos expressar "Eu comi uma maçã", sem dizer quando isso ocorreu no passado? Poderíamos dizer "I ate an apple"? Sim. Poderíamos dizer "I have eaten an apple"? Também sim. O fato de não citar um ponto específico no passado faz com que possamos escolher entre o simple past e o present perfect.

Mas... É assim tão simples? Sim. Experimente ler artigos de jornais e livros e preste atenção como essa regra é seguida à risca.

Existe, porém, uma armadilha verbal em que praticamente todo aluno brasileiro cai e que merece uma atenção especial.

Quando o uso do present perfect é obrigatório

É obrigatório o uso do present perfect (continuous) quando uma ação iniciou-se no passado, mas ainda é válida agora.

Em português, temos o costume de falar (corretamente) frases do tipo: sou casado há dez anos. Pois bem, em inglês, para expressar essa mesma frase, utilizamos uma estrutura diferente. Fica: I have been married for ten years. Por que não podemos dizer "I am married for ten years"? Do ponto de vista da língua inglesa, a ação ou estado de estar casado iniciou-se no passado e permanece até o presente, por isso utilizamos a estrutura "have been". Na tradução literal, a frase significa "Eu tenho sido casado por dez anos", que é uma estrutura completamente estranha para nós, mas é o correto em inglês.

O mesmo vale para outras ações iniciadas no passado cujo estado ainda é válido no presente. Exemplos:

Eu sou professor há vinte anos. → ***I have been a teacher for twenty years.***

Ela nada há três meses. → ***She has been swimming for three months.***

Nós somos atletas há cinco anos. → ***We have been athletes for five years.***

ACTION TIME!

Agora experimente expressar essas três frases em inglês:

Ele corre há um ano. → ______________________________

David e Joanna estão juntos há três meses. → ______________________________

____

O menino fala há dois meses. → ______________________________

Confira as respostas no final do livro.

Mas e quando queremos dizer algo do tipo "Sou casado desde 2004"? Ótima pergunta! Nesse caso, como você cita um ponto específico no passado (2004), não seria obrigatório o uso do simple past? Não. Mesmo existindo um ponto específico no passado, o estado de estar casado iniciou-se no passado e ainda continua, por isso o present perfect continuous é usado, formando a frase "I have been married since 2004".

Foco total

Ver seu próprio esforço gerando frutos dia após dia nessa jornada fantástica que é aprender inglês é realmente recompensador. Porém, é preciso ter uma visão realista sobre o caminho para que você não se distraia e nem se perca na caminhada. A verdade é que você precisa focar para realmente aprender. Foco tornou-se algo raro nesta última década. Isso quer dizer que tempo de aprendizado é tempo de aprendizado, e não 50% aprendizado, 50% mexendo em seu celular. Nem mesmo 90% de foco e 10% ouvindo música. Esteja presente 100% ou não esteja presente. O tempo é o recurso mais precioso que você tem, por isso invista energia para colher os frutos que você merece. Estudos apontam que tentar fazer mais de uma atividade ao mesmo tempo causa mais dano ao cérebro do que fumar maconha. Não sei quanto a você, mas eu prefiro manter meu cérebro funcionando como uma máquina bem-oleada do que vê-lo se deteriorar aos poucos, colhendo baixo rendimento em tudo que faço. Você pode mais do que isso!

Faça uma lista de distrações que normalmente tiram seu foco dos estudos:

Não se cobre demasiadamente

Caro aluno, haverá dias em que você se sentirá super-humano, entendendo mais e mais o idioma falado, formando frases complexas, identificando letras de música que antes não entendia e vendo que valeu a pena todo esforço. Porém, haverá dias em que você se sentirá desmotivado por não conseguir entender um sotaque diferente, uma letra de música muito complexa ou uma manchete de jornal que parece não fazer sentido. Bem-vindo ao mundo real, onde sempre existirá um nicho linguístico que ainda não dominamos por completo. Para encarar esse empecilho, lanço algumas perguntas: "Na língua portuguesa, é comum que alguém do interior do Piauí não seja completamente compreendido por alguém vindo de uma comunidade alemã no Rio Grande do Sul?", "É normal um idoso não identificar todas as gírias usadas por garotos skatistas de 13 anos?", "Eu conheço todas as palavras técnicas de uma área que não faz parte de meu dia a dia?". Acho que você sabe onde quero chegar... Saiba que o mesmo vale para qualquer outra língua. Ao deparar com algo que realmente não entende, pergunte-se: "É um sotaque muito diferente do que os mais comuns? ou será que eu ainda preciso melhorar meu listening ou vocabulário?". Aqui vai uma lista rápida de lugares onde as pessoas podem ter um sotaque bem diferente, dificultando até mesmo o entendimento para nativos: Irlanda (República e Irlanda do Norte), Jamaica, Norte da Inglaterra (Newcastle e região), Escócia e Índia.

Quero chamar sua atenção principalmente para manchetes de jornais. Muitas delas são uma incógnita. O fato de os verbos em inglês serem tão simples e o espaço físico para manchetes ter um limite baixo muitas vezes impossibilita dizer quem está envolvido na ação anunciada, e muitas vezes quanto mais ambígua e misteriosa é a manchete, mais interesse ela gera. Se uma manchete de jornal lhe parecer confusa, não se preocupe, pois ela provavelmente parece confusa para um nativo também.

Seja um copo meio cheio

Adoraria dizer que aprender um novo idioma é fácil. Não é fácil, mas é simples. O que quero dizer com isso é: é uma atividade que exige esforço e dedicação, foco e persistência. Porém, não é algo muito complexo. Simplesmente estando entre pessoas que falem aquela língua, desde que sua atenção esteja nelas, já é o suficiente para a absorção de algumas coisas. Porém, o fator mais decisivo entre uma pessoa que aprende um idioma e uma que fica anos "tentando" é aquele aparelho que está diretamente à esquerda de sua orelha direita e à direita de sua orelha esquerda: seu cérebro. Para isso, além de foco, é preciso ter uma atitude positiva sobre o processo de aprendizado. Não seja pessimista! É bem tentador olhar para um lado e para o outro e dizer: "Mas aquele meu amigo é tão melhor que eu...", "Mas e se rirem de mim?" ou ainda "Eu acho que não nasci para aprender inglês, tenho dificuldade". Pois bem, deixe-me contar algo sobre suas dificuldades. Quando comecei a ensinar inglês, comecei a reparar em algo fascinante. Os alunos iniciantes tinham mil desculpas do tipo: "Eu tenho muita dificuldade com o listening" ou "Eu sou péssima no speaking". Algumas dessas pessoas, além de se autodiagnosticarem sem serem autoridades no assunto, tomavam aquela fraqueza linguística como um defeito pessoal. Pois então, permita-me lhe dar as boas notícias: sua dificuldade linguística não é um defeito pessoal, ela simplesmente indica em que fase você está no processo de aprendizagem. Simples assim. Dificuldade com o listening? Isso significa que você é um aluno que está no básico. Dificuldade no speaking? Isso indica que você é um aluno intermediário (que já teve dificuldade com listening) e precisa pegar confiança. Celebre cada vitória, cada dia de estudo de sucesso e até cada erro, pois você simplesmente está caminhando por uma via que contém pedregulhos, poças d'água e subidas. E são justamente essas dificuldades naturais que fazem o esforço valer a pena. Afinal, se fosse fácil não teria valor.

Antes de pegar firme nos estudos, talvez você esteja se perguntando se realmente vale a pena. Afinal, toda essa energia investida irá se concretizar algum dia? Será que você tem uma dificuldade tão grande com o idioma que se tornar fluente nunca será real? Não sou psicóloga e não posso dizer qual é seu caso específico, mas sempre que vejo alguém com dificuldades para aprender, observo se a pessoa usa aquilo como desculpa para desistir ou se, com a visão de "copo meio cheio", e não "copo meio vazio", ela segue em frente e vai à luta. Isso me faz lembrar um caso especial que ocorreu há cerca de vinte anos. Minha família e eu morávamos em uma casa com outras famílias, brasileiras e estrangeiras, que estavam ali para aprender inglês no Reino Unido. Era um casarão enorme com vários andares que havia sido uma pensão anteriormente. Consequentemente, as salas de jantar e de estar eram grandes o suficiente para comportar muitas pessoas. Havia um aluno brasileiro que demonstrava bastante dificuldade no início, então ele se dedicava ainda mais aos estudos, se esforçando ao máximo. Um belo dia, após horas de estudo, esse aluno apontou para a TV e gritou: "Eu estou entendendo tudo!". Os demais alunos se entreolharam, em silêncio, até que um deles virou para o aluno esforçado e disse: "Amigo... Isso é espanhol". Você pode imaginar tamanha frustração?! Não posso falar por ele, mas creio que, naquele instante, o aluno deve ter se sentido horrível. A dor de estar longe dos parentes, longe de casa, estudando dia e noite e passando por momentos assim. Para que continuar?

Acontece que esse aluno tinha um sonho e, para esse sonho se realizar, ele precisaria aprender inglês. Ele desistiu? Fez as malas e foi embora? Jamais! Continuou estudando, batalhando e hoje é um dos brasileiros com o inglês mais afiado que eu conheço. Detalhe: atualmente, além do inglês, ele e sua família são fluentes em japonês.

Já dizia a velha história. Você pode ser como café, cenoura ou ovo. Ao encontrar-se em águas quentes, o ovo endurece, a cenoura amolece, e o café exala um aroma e sabor deliciosos que contagiam todos ao seu redor. Na vida e nos estudos, escolha ser um bom e tradicional café.

Como é a sensação de ser fluente?

Muitas das pessoas que são fluentes em inglês já não sabem mais a alegria de entender uma música pela primeira vez, de assistir a um filme inteirinho sem legendas e se sentir o máximo de poder conversar com nativos sem problemas. Para você que ainda não passou por isso, deixe-me lhe contar qual é a sensação de se tornar fluente em inglês.

Tornar-se fluente em inglês lhe deixa mais seguro. Você já ficou perdido em algum lugar? Experimente ficar perdido em um lugar onde ninguém fala sua língua e onde todas as placas são impossíveis de identificar. Encrenca com a polícia, em Dubai? A não ser que você fale árabe, inglês é essencial. Uma palavra errada ou mal-entendida pode lhe colocar em uma tremenda confusão, e dominando a língua internacional, você pode ser compreendido muito mais facilmente.

Tornar-se fluente em inglês lhe torna um maior conhecedor dos fatos. Já fiz esse teste um milhão de vezes, mas você mesmo pode fazê-lo por mim. Pegue um assunto qualquer que esteja relacionado a algo que possa ser estudado (psicologia, economia, marketing, etc.) e faça uma busca em português. Confira o número de resultados no Google.com.br. Agora, pegue esse mesmo termo e busque em inglês no Google.com. Se não houver pelo menos 5-10 vezes mais conteúdo em inglês, eu ficaria bem espantada. Por bem ou por mal, não criamos conteúdo suficiente em português - a massa do conhecimento humano já foi escrita, descrita e criada em inglês. Ao falar essa língua, você pode aprender sobre assuntos que jamais imaginava e que seus concorrentes que não falam inglês nunca saberão.

Tornar-se fluente em inglês te abre as portas do mundo. Ao passar por aeroportos e cabines de imigração, falar inglês é o suficiente para se explicar e entrar em qualquer país. Sempre haverá alguém que fale inglês onde quer que você esteja. Português? Nem sempre.

O novo idioma lhe torna mais inteligente e criativo. Estudos apontam que uma pessoa, ao se tornar bilíngue, desenvolve partes do cérebro de uma maneira que pessoas unilíngues não fazem. A pessoa bilíngue desenvolve novos "caminhos" em seu cérebro que a permitem solucionar problemas e ser mais criativa, graças ao novo idioma.[1]

Qual é seu amuleto?

Não sou uma pessoa supersticiosa. Passo debaixo de escada de propósito e já tive um gato preto. Porém, não encontrei uma palavra melhor para descrever algo que você carrega constantemente e que lhe traga algo de positivo sempre que você utiliza. Aqui vai uma dica que vai lhe ajudar diariamente a sentir-se mais motivado nos estudos. O processo de aprender uma língua nova em si é fascinante, e mais ainda se você criar um vínculo emocional com a língua. Mas como assim um vínculo

1 PSICOLOGY TODAY. **Life as a Bilingual**. Disponível em: <https://www.psychologytoday.com/blog/life-bilingual/201606/what-is-different-in-the-bilingual-brain> Acesso em: 04 de setembro de 2016

emocional? Tenho certeza que você tem alguma banda favorita, um filme especial ou um sonho de estar no exterior. Se não tiver, suas chances de aprender diminuem bastante. Um amuleto nada mais é que a união de uma "cena ideal", de um sonho e de uma canção. Nós solidificamos aquela canção a sentimentos positivos que "mexem com você" e lhe fazem ir mais longe.

Se seu desejo for visitar Londres, por exemplo, feche os olhos, em silêncio, e se coloque lá. Imagine-se andando pelas ruas, de casaco e tudo, vendo todas as cores vívidas dos ônibus de dois andares, das flores amarelas dos parques e até do céu charmoso e cinzento. Como está o clima? Um pouco frio? Faz chuva? Sol? Ouça os sons dos táxis pretos, os famosos black cabs, passando na rua, dos esquilos subindo nas árvores e do impecável sotaque britânico saindo da boca de um velhinho sentado em um banco de praça, lendo um jornal. Você sente o cheiro de frescor de grama e de canela, o gosto de menta em um chá quentinho... e se sente realizado. Escolha uma música favorita sua que combine com sua "cena ideal", em inglês, e escute um trecho, imaginando todas as cores, todos os cheiros, sabores, vinculando sua imaginação à música.

Pronto! A partir de agora você tem uma canção que você ouvirá todos os dias antes de estudar inglês, que certamente irá lhe motivar. A união de sua cena ideal com essa canção é seu amuleto.

Sim, é bem provável que com o tempo você precise renovar sua cena ideal e sua canção para formar um novo amuleto, mas enquanto estiver funcionando - utilize!

Outro fator importante é lembrar que toda vez que você escutar sua canção escolhida, você lembrará dessas sensações, portanto, é importante escolher uma canção que ainda não tenha tantas memórias assimiladas a ela. Também é importante escutar a canção somente antes de estudar, para que seu significado não seja banalizado e você perca o vínculo emocional.

Descreva sua cena ideal abaixo.

Local: ______________________

O que você vê?

O que você ouve?

O que você sente?

Quais cheiros sente?

Que gosto você sente?

Que música usará nessa cena ideal?

Quão rápido conseguirei aprender inglês?

Bom, se você já leu algo a respeito disso, deve ter visto algo com o número mágico de 1.200 horas em alguns livros, sites etc., insinuando que seu trabalho é praticamente um Everest a ser escalado. Posso te contar um segredo? Mil e duzentas horas, além de ser um chute daqueles bem chutados, foi calculado para um aluno chegar até o nível C2, que é o mais alto que existe na língua e muito além do que 90% da população precisa.[1]

E tudo bem, não tem problema se você acreditava no número mágico de 1.200 horas, afinal, eu também pensava que era verdade até procurar mais a fundo e ler sobre a pesquisa que foi feita. É incrível como as informações acabam se distorcendo e muita gente fica no final da linha do telefone sem fio. Quero que você não caia nessa cilada.

Acontece que quando sai um estudo desses, todas as escolas de inglês saem gritando aos quatro cantos apontando o fim do mundo dizendo que SIM, você terá que se algemar por cinco anos para "aprender inglês". Esqueça isso, você pode voltar daqui a menos de um ano, ler um livro como este inteirinho em inglês e entender TUDO. No mundo real, para quem conhece as estratégias infalíveis de aprender inglês, o processo é bem mais rápido do que 1.200 horas, e meus vários alunos fluentes são prova disso.

---

[1] CAMBRIDGE ENGLISH. **Guided learning hours**. Disponível em: <https://support.cambridgeenglish.org/hc/en-gb/articles/202838506-Guided-learning-hours> Acesso em: 03 de maio de 2017

É difícil? Olha... qualquer coisa pode ser difícil, dependendo do nível de comparação.

Se você comparar aprender inglês com apertar um botão no controle remoto ou abrir e fechar a geladeira, sim, aprender inglês é difícil. Mas como aprender um idioma é comparado a tantas coisas que você já conseguiu fazer na vida, como cursar uma faculdade, ainda que incompleta, aprender um instrumento, praticar um esporte, então inglês é certamente o item mais fácil dessa lista.

Pense out-of-the-box!

Out-of-the-box thinking é o ato de pensar fora da caixa, que dentro do tema "aprender inglês" tem o significado um pouco diferente do que você está acostumado. Deixe eu explicar melhor. O ser humano, principalmente o ser humano brasileiro, tem a tendência a não dar continuidade a algo que é importante, como aprender uma nova língua, frequentar academia etc. Acontece que quando você pendura seu sonho no varal e espera uma situação perfeita para voltar a aprender, é como deixar uma camisa lá fora e voltar para pegar depois da chuva. Você perdeu seu tempo, pois ela terá que secar de novo, assim como você terá que reaprender muita coisa de que não se lembra.

Normalmente a gente chama isso de disciplina. Mas disciplina, como o nome já demonstra, é difícil. Não seria legal se a gente participasse de um curso ou projeto que não exigisse muita disciplina? Bom, você entra nas redes sociais e mexe em seu celular ou no seu e-mail todos os dias, e tenho CERTEZA de que você não precisa de disciplina para fazer nenhuma dessas atividades.

Se você não se acha uma pessoa ultradisciplinada em nível militar, seja bem-vindo ao clube. Eu também não sou. Por isso, se você quiser levar a sério aprender um idioma, precisa de um fator out-of-the-box que elimine a necessidade de muita disciplina.

Por exemplo, na maioria dos cursos, não só de línguas, mas de qualquer assunto, o curso fica numa caixinha. Se você não comparecer, não sair de casa, não ligar o computador etc., o curso não irá até você, você está restrito a somente aquele ambiente. E sem disciplina é muito difícil manter uma atividade que não vá até você.

Talvez seja por isso que você nunca tenha conseguido terminar um curso de inglês, porque todas as outras coisas de nossa vida estão fora da caixinha — se você tem um problema no serviço, o telefone toca, você recebe um e-mail, seus colegas te contam... você é envolvido por aquele assunto sem precisar correr atrás. Quer saber se você tem o fator out-of-the-box trabalhando em seu favor? Faça esta pergunta a si mesmo:

> "A prática do inglês é algo vivo na minha vida, por meio de meus amigos, meu celular, meu e-mail, meus *hobbies*, meus livros etc? Ou será que eu sempre estudei em cursos que mantinham o idioma numa caixinha?"

A melhor maneira de aprender algo é fazer uma imersão. E imersão se faz fora da caixinha, quando o inglês entra na sua vida de verdade, em vez de se prender a uma atividade que você faz às terças e quintas. Então, se você quiser pegar firme no inglês e ver um resultado de verdade, você precisa considerar as alternativas a seguir. Vamos ver uma a uma e fazer um comparativo.

Professor particular

Vantagens:	**Desvantagens**:	**Prática × Informação**:	**Continuidade:**
atenção dedicada, estudo personalizado, privacidade.	preço alto, longa duração, exige disciplina, incerteza da qualidade do professor, método é uma incógnita, sem objetivos concretos, conflito de interesse.	depende muito do professor.	baixa (gera alta taxa de desistência). **Fator out-of-the-box:** médio.

Autodidata

Vantagens: baixo custo, material relevante, horários flexíveis, privacidade.	**Desvantagens:** baixa continuidade, falta de *feedback*, sem objetivos concretos, difícil saber quão bom é o material.	**Prática × Informação:** bom para ouvir, difícil ter alguém para conversar.	**Continuidade:** baixíssimo. **Fator out-of-the-box:** depende da fome do aluno.

Escola física

Vantagens: preço moderado, feedback, material didático com objetivo.	**Desvantagens:** locomover-se até o local, baixa continuidade.	**Prática × Informação:** baixa/média.	**Continuidade:** baixa. **Fator out-of-the-box:** quase nulo.

Escola online

Vantagens: preço moderado, *feedback*, material com objetivo, flexibilidade de horário, locomoção não necessária.	**Desvantagens:** normalmente exige-se disciplina, pouca amizade com professores e alunos.	**Prática × Informação:** média.	**Continuidade:** baixa. **Fator out-of-the-box:** baixíssimo.

Você está tendo resultado? Cada um aprende no seu ritmo, mas se você está de três a seis meses estudando com um método e ainda não vê resultados que o deixam animado para aprender mais, seu método atual muito provavelmente não vai ajudá-lo. Esse tempo é o suficiente para você passar de iniciante total a "eu entendo alguma coisa". E corro risco nisso que eu estou falando, pois eu mesma tenho um curso de inglês de autoria própria, mas preciso ser sincera com você. Depois desse período, você precisa se perguntar: sou eu que estou fazendo o mínimo possível para passar, como um aluno estático, ou será que a metodologia de ensino não está rendendo? Isso só você pode responder. Lembre-se de que é preciso investir tempo, energia e dinheiro nos estudos como adulto. Você é o decisor final e precisa olhar tanto para si mesmo quanto para suas decisões com um olhar crítico e maduro. Não desistir é essencial para o sucesso, mas continuar por um caminho que não está lhe rendendo nada depois de meses é loucura e um enorme desperdício.

Para saber se um curso de inglês é eficaz, você precisará de:

1. Resultados rápidos, os primeiros sinais entre três e seis meses.
2. Qual é a proporção de informação *versus* prática? Oitenta por cento de prática é o mínimo.
3. Pouca tradução. Quanto mais tradução você usar para aprender, mais dependerá dela futuramente.
4. Revisão. Sem revisão você desperdiça tudo que já aprendeu e acaba esquecendo ou tendo que reaprender tudo de novo.

É preciso estudar fora?

Vemos um certo preconceito em relação à vivência da língua. Não sei bem se outros países encaram esse preconceito da mesma maneira, mas posso confirmar, e alertar, que essa ideia de que alguém precisa necessariamente morar no exterior para dominar uma língua é um pensamento limitado e muito perigoso. Perigoso? Sim, e para ilustrar isso vou contar uma história de um amigo meu, o Roberto.

Roberto é trabalhador e esforçado, mas na ocasião não pode aprender inglês bem no colégio. Ele não estava sozinho nessa, e a maioria de seus colegas também não havia aprendido bem na melhor idade para isso. Em parte ele culpava a professora, uma tal mulher alta de cabelos cacheados que falava de um tal de verbo "to be", que ele nunca entendeu. Mas ele culpava também a si mesmo, porque seu real interesse em sala de aula estava bem longe de verbos, adjetivos e afins. Seu alvo real era conquistar uma garota, cujo nome eu não me lembro. Seria Marilene? Ou Mariza? Enfim, não vem ao caso. No final das contas, ele ficou sem a garota e sem o inglês.

O importante é que Roberto havia finalmente conseguido um bom emprego em uma startup de sucesso em alta tecnologia na área de saúde. Estava com eles há um ano e tudo ia muito bem. Agora, porém, ele teria de encarar um pequeno empecilho. A empresa nascente estava a todo vapor, e os fundadores alertavam o time sobre uma possível aquisição da empresa por um grupo de investidores norte-americanos. Todos os funcionários da empresa falavam inglês, menos Roberto, que sempre foi inteligente, mas nunca foi de aprender línguas, até porque ele é de exatas. Engenharia? Matemática? É com ele mesmo. Verbos, adjetivos e pronúncias estranhas? Definitivamente não. No escritório, ele sentia a diferença. Alguns falavam com mais confiança e com uma pronúncia mais polida que outros, e mesmo a pessoa mais tímida no grupo entendia muito bem e até ria na hora certa das piadas dos investidores gringos. Roberto olhava para eles, nervoso, com um sorriso travado por fora e muita insegurança por dentro.

A empresa crescia, e quanto mais o tempo passava, mais ele pensava: "Preciso aprender inglês urgentemente". Depois de planejar por três semanas e conferir suas economias — que deveriam se destinar a um carro novo —, chegou aos fundadores da empresa e anunciou: "Estou indo para Dublin para aprender inglês". Os fundadores se entreolharam, concordando com a necessidade iminente. A verdade é que eles não somente concordavam, mas já haviam conversado entre si diversas vezes sobre a possibilidade de ter que despedir Roberto. Não o fizeram antes, pois suas habilidades em programação eram realmente espetaculares. "Vocês sabem que os norte-americanos cedo ou tarde voltarão com uma boa proposta, e eu não quero ficar de fora." Eles balançaram a cabeça, concordando. "Boa viagem, Roberto. Visite alguns pubs, em Temple Bar, por nós." Um aperto de mão, e estava tudo combinado. Roberto sabia da fama internacional dos pubs de Dublin, que são um tipo de bar tradicional com cervejas estilo chopp, e mal podia esperar para conhecê-los.

Roberto visitou sua mãe em um domingo ensolarado para um almoço de despedida. "Menino, leva bastante agasalho, leva blusa, cachecol, luva... e gorro. Por favor, Roberto Felipe do Amaral, não se esqueça do gorro!" Dona Ellen parecia uma metralhadora, listando todas as necessidades e desgraças que poderiam acontecer em uma terra tão distante. A mulher de cinquenta e poucos anos era forte e confiante, normalmente calma. Hoje, porém, demonstrava muita preocupação ao ver seu filho de 25 anos, que ela ainda considerava um garoto, indo viajar para o exterior. "Pode deixar, mãe." E com um abraço forte e um beijo de até logo, eles se despediram.

Roberto fez as malas, após muito hesitar em levar suas roupas de frio ou comprar lá, e resolveu ir dormir. Era tarde, o voo sairia às 9h15min, então teria que chegar ao aeroporto às 7h15min. "Quanto tempo leva daqui até o aeroporto?", perguntou a si mesmo e foi pesquisar em seu smartphone. Colocou o relógio para despertar, mas não seria necessário. Naquela noite, mal dormiria, acordando diversas vezes com medo de perder a hora, pensando em quão divertido seria viver nas ruas daquela cidade, em quantos castelos visitaria... Nesses pensamentos, meio dormindo e meio acordado, Roberto foi tomado por um medo muito grande. A imigração! A alfândega! Ele havia conferido todos os papéis e requisitos do visto mais de cinco vezes, estava tudo em ordem, de acordo com a moça que lhe vendeu o pacote na agência. Poderia até estar tudo bem, mas e se ele não entendesse o oficial de imigração? E se ele ficasse nervoso demais, e o nervosismo em si fosse um alerta para mais interrogações? E se ele fosse impedido de entrar no país por não saber explicar ao certo o que estava fazendo ali? O pesadelo poderia começar antes mesmo de pisar em solo oficialmente irlandês, já que aeroportos são considerados "território internacional", quando convém. Seu coração palpitou. "Uma coisa de cada vez, Roberto. Vamos com calma", pensou, tentando acalmar a si mesmo, como sua mãe fazia em sua infância. "Uma coisa de cada vez. Vamos dormir bem, porque chegar lá cansado não ajudará em nada." Dormiu com um sorriso tímido no rosto, cheio de esperança.

Abriu os olhos, eram 4h59min. Resolveu levantar, desligar o alarme, cujo som ele odiava de qualquer jeito. Além disso, não acordaria o cachorro da vizinha, que era capaz de latir como um louco até acordar o prédio inteiro, como se retrucasse o bip bip bip infernal do despertador. Tomou um banho, se vestiu. Era cedo demais, e não estava com fome, então pularia o café da manhã até chegar ao aeroporto e fazer o check-in. Verificou seus documentos. Passaporte? Certo. Passagem? Certo. Passagem em formato digital no celular como plano B? Certo. Olhou para o relógio e esperava que seu amigo não se atrasasse para a carona. Jorge chegou e foi logo buzinando como se metade da vizinhança não estivesse dormindo. O cachorro latiu, o que apressou ainda mais a saída de Roberto, que, com as malas desajeitadas, desceu ao térreo em tempo recorde.

Jorge riu da cena. "Betão, Betão, você vai para lá passar seis meses ou seis anos? Olha essas malas!" Jorge ajudou com a mala mais pesada. "Tá levando o que aqui, campeão, um cadáver? Eita, mala pesada!" Os dois riram e pularam para dentro do carro. Roberto sentou-se no banco da frente com sua mala de mão agarrada contra o peito. Ele não ousava arriscar ficar longe dessa pequena mala, que tinha todos os documentos do visto, passaporte, uma muda de roupas, caso suas malas fossem extraviadas, e uma escova de dentes. Era a coisa prudente a se fazer.

"Betão, você é um cara de sorte. Vai lá para a terra dos gringos beber umas Guinness, enquanto nós aqui vamos ficar neste calor insuportável, só ralando. Ainda por cima vai conhecer umas loirinhas." Roberto o interrompeu: "Menos, Jorge. Menos. Eu vou lá para estudar, né? Também estou investindo muito nisso. O câmbio não está favorável, e praticamente todas as minhas economias estão nesse projeto. Ou dá certo, ou dá certo". Jorge sorriu feliz por seu amigo. "E vai dar certo sim, Betão." Nesse instante, um carro entrou repentinamente na frente deles. Jorge buzinou, impaciente. Poucos metros adiante, ficariam presos no trânsito, então não adiantaria ter pressa. Jorge se voltou para o amigo, abaixando o volume do rádio. "Como eu estava falando... Inglês não é um bicho de sete cabeças não. Eu comecei a pegar firme no início deste ano. Não estou craque, mas já dá para começar a entender muita coisa." Roberto balançou a cabeça concordando, não dando muita atenção ao amigo. Jorge era seu amigão desde os tempos de escola, mas não conseguia imaginá-lo falando inglês. Ele, morando em Dublin, era realmente privilegiado e alcançaria um nível muito mais alto que seu amigo, que estava fadado a ficar no Brasil, pois já tinha família, filhos. Roberto ainda tinha um certo medo do idioma, e, como um flash, viu em sua mente a cena de sua professora de inglês no colégio gritar "Sssssshhhhhh! Listen, claaaasss". A coitada não conseguia colocar a turma em ordem, e no quadro estavam as palavras "Verb To Be". Ele chacoalhou a cabeça, como se isso fosse o suficiente para esquecer a cena. Quando percebeu, já estavam no aeroporto. Jorge deu um abraço apertado em seu amigo, daqueles que homens estão acostumados a dar quando realmente se respeitam, com fortes batidas nas costas. Quanto mais forte o tapa, maior é o sinal de amizade mútua.

"Bom dia. Seu passaporte, por favor!", sorriu a agente da empresa aérea, com seu cabelo avermelhado ajeitado em um coque impecável. Roberto estava calmo, confiante. Entregou-lhe também a passagem. A agente conferiu sua foto rapidamente, digitou um número no computador e perguntou: "Destino fin...". "Dublin. Dublin é o destino final, com conexão em Amsterdã." Roberto se sentiu um tolo por interromper a moça, mas estava um pouco ansioso e estava difícil de esconder.

A moça, muito cortês e bem capacitada, não se importou com a interrupção. Deu sequência a todo o processo, pesou e marcou suas malas, que por sorte estavam dentro do limite de peso, e terminou o atendimento com o mesmo sorriso do início, devolvendo seus documentos. "Tenha uma boa viagem."

O rapaz foi em direção ao portão. Sentia-se animadíssimo.

Depois de Roberto quase se perder no aeroporto de Amsterdã, um dos maiores do mundo, o avião pousou em solo irlandês. Assim que chegou à escadinha de saída do avião, Roberto respirou fundo. Uau, que ar fresco, limpo. E gelado! Jogou o cachecol em volta de seu pescoço, como se fosse fazer muita diferença, com o vento desarrumando tudo, pegou sua mala de mão e seguiu ao setor de imigração. Foi surpreendido pela rapidez do processo. Já tinha lido sites e blogs que contavam histórias de horror sobre a imigração por toda Europa e a forma de tratar os brasileiros. O sotaque do agente certamente era diferente, e Roberto não entendeu bem o que foi dito, mas foi logo mostrando tantos papéis, que o agente não fez muitas perguntas. Estava tudo ali, detalhado. Que alívio foi ouvir um carimbo golpeando seu passaporte pela primeira vez. Sucesso!

Dirigiu-se à casa compartilhada da escola de inglês onde estudaria pelos próximos meses. Era um casarão antigo, em uma rua pontilhada por árvores altas que davam um ar de elegância ao bairro. "Nada mal", pensou. Chegou durante o dia, então a maioria de seus novos companheiros de casa não estava. Um alemão, uma colombiana e três brasileiros já moravam lá. Três brasileiros! Que cara de sorte! Três novos amigos para dar umas dicas sobre a cidade e a cultura local.

Fernando, Cátia e Silvana eram bem legais e foram logo dando umas dicas iradas sobre a cidade. Como abrir uma conta bancária, quais os melhores pubs da cidade e até onde comprar coxinha e beber uma caipirinha para matar a saudade do Brasil.

"E como é a escola de inglês?", lançou Roberto. Fernando inclinou a cabeça para o lado e balançou a mão com um sinal típico de "mais ou menos". Cátia disse: "A escola até que é legal, tem uns programas divertidos. O Fernando mal frequenta as aulas, por isso ele não sabe muito do que acontece". "Eu não frequento tanto como deveria justamente porque não é tão útil", lançou Fernando. Roberto sentiu-se confuso, afinal, uma escola na Irlanda deveria, de acordo com sua lógica, ser infinitamente melhor do que qualquer instituição tupiniquim. Fernando continuou: "É que metade das aulas, no mínimo, são aquela coisa chata de gramática. A mesma coisa que passam em qualquer escola no Brasil. Daí tem um fator mais complicado: aqui você tem um bando de estrangeiros na turma e um com o sotaque mais impossível que o outro. Então metade das aulas é chata, e a outra metade é você conversando com um parceiro incompreensível". Ele gesticulava bastante, demonstrando suas raízes italianas de algumas gerações atrás. Roberto mordeu seus próprios lábios e balançou a cabeça lentamente em concordância.

"E você, Silvana, o que acha?" Fernando riu alto. A moça carioca deu um tapa leve no braço do amigo. "Meu filho, eu trabalho tanto que estou devendo um monte de horas lá na escola, não dá para me usar como exemplo, não", soltou honestamente. Roberto ficou mais confuso ainda. De acordo com a moça da agência que havia lhe vendido o pacote e facilitado o visto, o estudante só poderia ter direito a trabalhar 20 horas por semana, com o restante do horário sendo dedicado aos estudos. Ele ficou sem graça, mas não quis questionar a legalidade das atividades de sua nova companheira de casa. Sorriu timidamente, esperando que sua história fosse um pouco diferente.

Chegando à escola para suas primeiras aulas, Roberto pôde entender melhor aquilo sobre o que seus companheiros o haviam alertado. As aulas de gramática eram exatamente iguais às que ele tinha tido no Brasil. Verbo disso aqui, present perfect de não sei o que lá. Uma variedade imensa de assuntos teóricos dos quais ele havia fugido a vida toda. Como tinha se recusado a começar as aulas de inglês enquanto estava em São Paulo com medo de "aprender errado", acabou ficando na classe dos iniciantes, de acordo com a avaliação de níveis. Tentou ver o lado positivo das coisas. "Bom, pelo menos eu vou aprender tudo direitinho, com sotaque limpo."

No início da primeira aula de conversação, o clima foi descontraído, em parte porque, com todos os outros iniciantes de lugares do mundo que ele mal tinha ouvido falar, ver as pessoas gesticulando e tentando se expressar em outra língua era bem engraçado. Na turma havia três chineses, um polonês, uma garota da Letônia e outra da Lituânia e uma brasileira. Os demais estudantes chegariam do Chile na semana seguinte. O professor pediu que fossem formados pares, e Roberto foi logo se dirigindo à aluna brasileira, Marcela. Afinal, se eles não entendessem algo, poderiam desvendar juntos. O professor, astuto, com mais de uma década nas costas, disse: "Sorry, choose someone from a different country". Sorriu e piscou para os dois, já sabendo que deixar os brasileiros formarem uma panelinha era quase que fatal para que a aula desandasse. "You can go with Chang", apontou com a palma aberta e respeitosamente, como quem faz uma sugestão sabendo que será acatada. O paulista sentiu algo pesar em seu estômago, mas concordou, como bom aluno que era. Roberto sorriu e cumprimentou o chinês, como se isso quisesse dizer "olá-prazer-por-favor-pegue-leve-comigo". Chong olhou para ele com ar sério e, sem nenhum traço de simpatia, ajustou seus óculos e falou algo que Roberto não entendeu. "Sorry?", disse Roberto. Chang repetiu algo, agora com mais palavras ainda do que antes. Roberto entendeu menos ainda e tinha um grande dilema nas mãos: fingir que entendeu e balançar a cabeça concordando, pedindo aos céus que o asiático não tivesse lhe feito uma pergunta, ou arriscar um pedido de repetição mais uma vez. "Sorry, I didn't understand", arriscou. O chinês perdeu a paciência e, batendo na mesa, destrambelhou a falar algo que se parecia muito mais com chinês do que com qualquer versão da língua inglesa que o brasileiro havia escutado até então. Roberto respirou fundo, olhou para o professor, que logo percebeu o impasse e veio em sua direção para salvá-lo. Chang protestou. Ou pelo menos era isso que parecia, pois soava irritado com o professor. O mestre disse que não havia problemas e que ele deveria se concentrar na atividade proposta. "Acabei de chegar, mas meu ouvido vai se acostumando. Um dia vou entender esse cara", pensou Roberto, positivo.

Dois meses se passaram, e a história era bem diferente do que se imaginava no início. Roberto começou a trabalhar com Silvana, já que havia surgido uma vaga no restaurante onde ela trabalhava. Com o Euro forte, o rapaz fez as contas de quanto ganharia como garçom e de quanto ganhava como programador em sua terra natal. "Nossa, tudo isso? Sem contar as gorjetas?" A proposta era muito boa para se recusar. Não seria muito difícil, pois Roberto, que não havia nascido em berço de ouro, já tinha feito de tudo um pouco, inclusive já havia trabalhado um ano no Bar do Hélio, na Zona Sul da capital. Aos poucos, foi deixando as aulas de lado, mesmo já tendo feito o pagamento por todas elas antecipadamente. "Trabalhando aqui, eu aprendo na prática. Afinal, não há nada melhor!"

A primeira semana de trabalho foi muito boa. As gorjetas rendiam mais do que seu próprio salário, pois o restaurante servia clientes abastados e pouco preocupados com o custo, desde que a qualidade da comida fosse sempre confiável e esta nunca demorasse para chegar à mesa. Nelas, negociavam o que pareciam ser grandes contratos, pela frequência que se ouvia a palavra "millions" ser lançada de um lado para o outro como se fosse algo normal. Roberto não tinha muito contato com os clientes, pois seu nível de inglês ainda não estava "aquela maravilha", mas no bar ele se virava bem e sabia o suficiente, pois os nomes dos drinks são iguais no mundo todo. Roberto se sentiu em casa. Além de Silvana, era de costume conversar com Pablo na cozinha, um argentino que era alvo de muitas piadas cada vez que se falava de futebol, e Alex, um pernambucano que todos adoravam. Juntos, falavam quase sempre em portunhol, e Alex vivia ensinando gírias em português para o argentino.

"Sou um cara de sorte", pensou, deitado olhando para o teto de seu quarto antes de dormir. "Tenho amigos superlegais, ganho bem sem grandes esforços, estou morando na Europa..." Três meses haviam se passado. Roberto pensou na escola, que, mesmo estando paga, era visitada por ele no máximo uma vez por semana. Mal conhecia seus colegas de classe. "Mas tudo bem, viver o inglês de verdade sempre será mais valioso do que uma aula teórica", concluiu e repetiu como se fosse um mantra. Repetiu como se não passasse o dia inteiro falando português com seus colegas. Seu inglês havia melhorado, mas estava longe daquilo de que precisava. Aos poucos, suas prioridades foram tomando outra forma. Não sabia mais se voltar ao Brasil seria a melhor escolha. Ele gostava da cidade, bem menor e infinitamente mais segura do que a metrópole onde nasceu e viveu a vida inteira. Sentia falta da família, não podia negar, mas a cada dia a vontade de permanecer em Dublin crescia. "Posso até trabalhar para uma empresa de tecnologia daqui." A ideia lhe acertou em cheio. "Mas é claro, por que não pensei nisso antes?" No Brasil ele dificilmente ganharia o que poderia ganhar na Irlanda, que era um hub de startups tecnológicas interessante na

Europa. "Muitos impostos para pagar", diziam os fundadores da empresa onde ele trabalhava no Brasil, cuja a intenção era das melhores, mas por vezes se encontravam em situações onde a lei se sobrepunha ao bom senso. Oficialmente, eles ainda aguardavam seu retorno. Aguardavam um Roberto mais qualificado, com um bom inglês e sem perder o pique em suas habilidades em programação. Suspirou, com uma ponta de peso na consciência. Ligou a TV no canal brasileiro que Fernando havia assinado via satélite.

No dia seguinte, Jorge ligou de São Paulo. "Faaaaaaaala, Betão!", gritou seu amigo, pressupondo que, devido à distância, seria necessário levantar um pouco a voz para a pessoa do outro lado ouvir. Roberto riu baixinho. "Tudo bem?" Os dois colocaram as novidades em dia, discutindo praticamente tudo, desde marca de cerveja até filosofia barata. Houve um breve silêncio. "Betão, e como está seu inglês? Tá craque já?" "Tá indo..." Roberto pensou rápido para não passar vergonha e jogou a mesma responsabilidade para cima do amigo de infância. "E o SEU inglês? Você já deve estar o perfeito gringo, não é mesmo?", ele caçoou. Jorge não perdeu tempo, falando francamente: "Você sabe que eu até estou surpreso comigo mesmo? Estou entendendo bastante e pegando confiança para falar. Eu estudo online em um curso bem estruturado, mas também faço meus próprios estudos, corro atrás. Tenho um plano de estudos e sigo à risca. Bom... você sabe como eu sou, né? Quando implico com alguma coisa, vou para o tudo ou nada". Roberto sabia muito bem. A determinação era um traço louvável do também programador Jorge, que se aplicava com muito esforço, em vez de depender de sua inteligência. Já dizia sua mãe: "A força de vontade deve ser mais forte do que a habilidade". Rimava, então ficou impresso em sua memória. "Que bom, cara! Fico feliz por você, de verdade."

Já era tarde na Irlanda, com o fuso horário de quatro horas adiantadas em relação à capital paulista, e os dois amigos se despediram com piadas internas que ninguém mais entenderia.

Alguns meses se passaram, e pouca coisa mudou em Dublin. Roberto trabalhava, as gorjetas eram gordas, e ele estava cada vez mais convencido de que ali era seu lugar. Resolveu abrir o jogo com seus empregadores no Brasil. Sentou-se para escrever um e-mail explicando a situação. Sentia-se aliviado em recomendar Jorge para a vaga em seu lugar, já que era tão talentoso quanto ele próprio. "Eles vão gostar do Jorge, pois ele tem o currículo perfeito para o cargo." Clicou em "enviar", fechou o notebook e foi para um pub com os amigos.

Em um belo dia, no restaurante, Roberto estranhou a ausência de Silvana. Ela não estava em casa, mas também não estava no trabalho. Dos sete meses que ele estava lá, ela não havia faltado sequer um dia. Algo não estava certo. Indagou ao argentino no costumeiro portunhol: "Silvana está donde?". O argentino balançou a cabeça, pois havia chegado recentemente e ainda não tinha percebido a ausência da colega. Roberto olhou para a porta onde ficava seu gerente polonês. A porta estava fechada, o que era muito raro. Roberto andou em direção à sala. Ouviu um homem falando algo em inglês perfeito, e depois de uma pausa, ouviu Silvana chorando. Pensando no pior, escancarou a porta como alguém que vem salvar uma amiga de um evento traumático. A maçaneta da porta bateu na parede com força, assustando Silvana e o homem uniformizado sentado à mesa de braços cruzados, enquanto Silvana, algemada, olhava para seu passaporte e enxugava as lágrimas. Roberto pensou rápido. Policial de imigração. Seu visto, que havia expirado fazia pelo menos um mês, lhe colocaria na mesma situação que Silvana. Sentiu um calafrio. O policial levantou a cabeça em direção à ele. Concluindo que seria o próximo, Roberto saiu correndo, atravessando a cozinha, derrubando potes e panelas ao tentar arrancar seu próprio avental. Não parou até encontrar a porta de trás.

Chegou ofegante e suado, mesmo naquele frio, à sua esquina. Agachou-se, apoiando as mãos nas coxas, como alguém que acaba de se esforçar intensamente em algum esporte. Pensou: "Eu não acredito que estou fugindo da polícia. Da polícia! A que ponto cheguei!". Endireitou-se e pôs as mãos em sua cabeça, como quem quer apagar o que está vivendo. Roberto pensou que seria mais fácil. Pensou que, assim como em outros países, a polícia faria vista grossa a pessoas que só querem ter um trabalho digno sem grandes crimes. Ele conhecia tanta gente na mesma situação que ele na comunidade brasileira na Irlanda! Desde quando trabalhar é crime? Respirou fundo e caminhou em direção à sua rua, ainda sem saber o que fazer, mas definitivamente decidido a não ficar parado na esquina se lamentando. Deu de cara com uma policial, com a viatura estacionada bem em frente à sua casa. Fingiu não estar preocupado, afinal, eles haviam descoberto a falta de documento da Silvana, que, por morar na mesma casa, era a pessoa em questão. A policial estava calma. "Good morning! Do you live here?" Roberto soltou sua voz falhando: "Yes". "Can I come in?" Roberto abriu a porta de casa, pensando que seria a última vez que estaria naquele lugar. Todas as memórias que tinha feito naquele país seriam somente isso. Uma memória. Pensou em sua mãe, em seus amigos. Pensou em Jorge. Pensou no que ele diria para seus pais, explicando que foi preso no exterior por falta de documento. Dona Ellen teria um surto. O pai dele então! Roberto tremia, por isso a chave não entrava na fechadura.

Quarenta e oito horas se passaram, e estavam Roberto e mais sete estrangeiros, todos latino-americanos, no aeroporto, prestes a serem enviados de volta a seus países. Em cada passaporte, um carimbo bem diferente daquele que tanto trouxe orgulho a Roberto no início. Esse, em letras vermelhas garrafais, contava uma história bem diferente. "Deported". Estavam todos novamente algemados. Todos usaram do direito a tomar um banho e trocar de roupas, mas as algemas eram difíceis de serem escondidas por baixo de uma blusa ou casaco. As pessoas olhavam para eles e cochichavam entre si. Silvana chegou a fechar os olhos para não ver a cena.

Haviam sido relativamente bem tratados, alimentados, e o susto inicial havia passado. Os olhos de Roberto encheram-se de lágrimas. Em parte porque seu sonho de permanecer em um país que tanto amava havia se acabado, em parte pela vergonha de ter de contar sua verdadeira história quando chegasse ao Brasil. Para piorar ainda mais, ele sabia, mesmo tentando se enganar por todo esse tempo, que sua compreensão de inglês havia melhorado bastante, mas não conseguia se expressar por completo. Depois de tudo isso, Roberto não estava fluente em inglês, havia deixado seu emprego, para o qual não poderia voltar justamente sem o inglês, e a nova vida na Irlanda para sempre seria um sonho não concretizado. Sua única felicidade era saber que, agora que os norte-americanos estavam em conversas sérias com sua antiga empresa, Jorge se daria muito bem.

Se você acha a história de Roberto algo incomum, pense novamente. Roberto é um personagem fictício que engloba várias pessoas que conheci durante meus anos fora do país. Todos os relatos aqui aconteceram de verdade, de alguma forma, com pessoas que eu conhecia. O número de pessoas que não conseguem atingir seus objetivos em inglês quando viajam é alarmante.

Se você ficou desanimado com essa história, não fique. Nos pontos a seguir, veja quais são as precauções a serem tomadas e como garantir que o investimento nessa aventura valha a pena.

- Chegue ao país com uma boa base de inglês. Pratique todas as áreas (listening, reading, writing, speaking) por pelo menos três meses antes de chegar lá. Isso permitirá que seu aprendizado seja acelerado e que você não gaste tanto tempo como quem começa do zero. Não pense que só porque está no Brasil seu sotaque será afetado irreversivelmente.
- Alinhe suas expectativas em relação à escola estrangeira. Participe das programações fora do horário de aula e converse com os alunos de outros países.
- Tenha dinheiro suficiente para não precisar trabalhar em tempo integral. Caso não seja possível, seu nível de inglês deve ser mais elevado ainda, para você conseguir um emprego em que possa usar a língua e se desenvolver nela. Empregos em que você aprende mais exigem mais, então é uma questão de "ovo ou galinha", que precisa ser bem planejada. E não é uma questão de xenofobia ou mal tratamento dirigido aos brasileiros lá fora. Você, como empregador no Brasil, não contrataria uma pessoa que mal fala o nosso idioma para tratar diretamente com clientes, certo? No exterior a lógica é a mesma. Quem não fala o idioma bem trabalhará lavando pratos, fazendo limpeza, fazendo drinks etc. Esses são justamente os serviços em que você falará pouquíssimo inglês.
- Não fique a maior parte de seu tempo com brasileiros. Vocês não conversarão em inglês!
- Em vez de assistir à TV brasileira, que pode ser uma boa para matar a saudade, tente intercalar com alguns programas das emissoras locais. Acostume-se com o sotaque e o ritmo da fala.
- Jorge, que ficou no Brasil, aprendeu com consistência e seriedade a ponto de conquistar a vaga do amigo. Seja como Jorge!
- Sempre, sempre, sempre siga as regras do país.

Você pretende fazer uma viagem ao exterior algum dia, como Roberto? Se sim, escreva a seguir as lições aprendidas e os passos que você dará para ter uma história feliz.

Planejamento para viagem com o intuito de aprender uma língua

País desejado: ____________________ Cidade desejada: ____________________

Ano da viagem: ____________________ Semestre: ____________________

Tempo de estudo antes da viagem: ____________________

Duração da viagem: ____________________

Valor inicial necessário (passagem, curso de línguas, visto etc.): ____________

Plano para levantar valor inicial: ____________________

____

____

Valor mensal necessário*

(aluguel, alimentação, contas diversas, entretenimento): ____________

Plano para levantar o valor mensal: ____________________

____

____

____

Será necessário trabalhar para se manter? ❑ Sim ❑ Não

O trabalho será de: ❑ Meio período ❑ Período integral

Se necessário, quais são os empregos disponíveis com seu nível de inglês?**

Emprego: ____________________ Salário: ____________

Emprego: ____________________ Salário: ____________

Emprego: ____________________ Salário: ____________

Dicas para evitar passar todo seu tempo com brasileiros no exterior:

____

____

Redes sociais/amigos/comunidades de apoio para a viagem:

Qual é o plano para sua recolocação no mercado ao voltar ao Brasil?

Você poderá manter seu emprego? ❑ Sim ❑ Não

Tentará um novo, já que voltará bem qualificado? ❑ Sim ❑ Não

Trabalhará para economizar
e montar seu próprio negócio? ❑ Sim ❑ Não

*Para descobrir, busque comunidades de brasileiros no exterior em redes sociais e pesquise agências de intercâmbio.

**Para descobrir, faça uma busca na internet com os termos “Jobs in (nome da cidade)”. Faça um cálculo dos salários oferecidos e retire perto de 30%, que será cobrado como imposto.

Requisitos reversos

Muitas vezes nos sentimos um pouco presos na hora de planejar o caminho a ser trilhado. A verdade é que se você se der o trabalho de considerar aquilo que será necessário para alcançar a fluência em inglês, em vez de simplesmente se matricular na escola de inglês de maior prestígio em seu bairro, você já estará anos-luz à frente da maioria. Pensando nisso, gostaria de explicar uma maneira simples e até divertida de descobrir exatamente o que será necessário para alcançar o sucesso pessoal e profissional que você tanto deseja. Esse exercício lhe trará mais clareza e pode ser aplicado a diversas áreas de sua vida, e não somente a "aprender inglês".

Passo 1 — Identificação

O exercício de "requisitos reversos" tem como base identificar muitos, se não todos, os requisitos necessários para alcançar seu objetivo, isolar os mais difíceis e resolvê-los imediatamente. Para completar o primeiro passo, é bem simples: basta identificarmos quais são os elementos que certamente NÃO nos levarão até o objetivo desejado ou que garantirão a não obtenção de algum resultado.

Exemplo

Mayara sempre quis aprender a tocar violão. Por muitos anos deixou esse sonho de lado e finalmente sentiu que o tempo estava passando e que a hora havia chegado. Em vez de simplesmente terceirizar a responsabilidade para um professor (você conhece alguém assim?), ela decidiu planejar melhor para que o sucesso fosse praticamente garantido. Mas quando sentou com seu bloco de anotações, a única coisa que lhe veio à mente foi "fazer aulas com um professor". Então, lembrando-se do exercício de requisitos reversos, que seu avô havia lhe ensinado na adolescência, começou a fazer uma lista de exatamente todo o tipo de comportamento que garantiria seu fracasso. Depois de oito minutos, sua lista estava assim:

Objetivo: Tocar violão

Requisitos reversos:

Não praticar com certa constância.

Não ter acesso ao instrumento.

Não ter um guia/sistema/professor.

Não ter tempo para aprender.

Não ter ânimo para continuar nas dificuldades.

Foi aí que Mayara conseguiu enxergar claramente todos os elementos necessários para o sucesso nesse objetivo. Afinal, ao praticar com constância, ter acesso ao instrumento, ter um sistema/guia/professor com tempo definido para aprender e continuando mesmo com as dificuldades, ela estava confiante que em pouco tempo estaria tocando violão.

Passo 2 — Isolamento

Ao notar sua lista, Mayara viu que alguns itens apresentavam uma maior ameaça do que outros. Por exemplo, o item "Acesso ao instrumento" não seria um problema, pois ela havia acabado de comprar um violão lindíssimo no mês anterior. O item "Ter um guia/sistema/professor" também não seria o problema, pois seu primo é um excelente professor de violão, e a mensalidade cabe em seu bolso perfeitamente. Porém, os itens "Tempo para aprender" e "Ânimo para continuar nas dificuldades" a deixaram um pouco confusa. Afinal, como ela poderia prever se terá tempo ou não e se realmente pegará firme e seguirá em frente quando os dedos começarem a doer ou quando a grana para pagar as aulas ficar curta? Ela sublinhou esses dois itens, jogou as mãos para o ar e resolveu retomar o planejamento no dia seguinte.

Passo 3 — Solução imediata

O melhor que podemos fazer após isolarmos os itens de maior dificuldade é justamente brincar com algumas ideias, por mais absurdas que sejam, para encontrar uma solução. E foi exatamente isso que Mayara fez no dia seguinte ao voltar à sua lista de requisitos reversos. Os dois itens em questão eram:

Não ter tempo para aprender.

Não ter ânimo para continuar nas dificuldades.

Foi aí que ela precisou se perguntar as três questões-chaves para acabar de uma vez com esses empecilhos.

Is it real? Is it possible?
What is my commitment?

Ou seja: é real? É possível?
Qual é meu compromisso?

Vamos ver passo a passo.

Não ter tempo para aprender. É um problema real? Sim, afinal, sem tempo não há como aprender uma habilidade nova.

É possível conquistar? Sim, afinal, milhões de pessoas ao redor do mundo já conseguiram tempo o suficiente para aprender a tocar violão.

Qual é meu compromisso? Bom, se o esperado é que o aluno faça duas horas de aula por semana e mais duas horas de estudo pessoal, quatro horas por semana deve ser o mínimo.

Mayara decidiu ir além e pensou o seguinte: "Posso fazer aulas às segundas e quartas, e como aos domingos estou livre, então farei duas horas nesses dois dias e mais uns trinta minutinhos aos domingos. Quatro horas e meia por semana". A imagem que lhe veio à mente era bem realista. Nas primeiras semanas, ficaria provavelmente fazendo somente o básico e praticando acordes simples, mas, depois de um tempo, estaria ouvindo praticamente qualquer música e tirando canções de ouvido. Correu para a agenda em seu celular e marcou os horários exatos em que investiria todas as semanas. Segundas e quartas, das 17h às 19h, e domingos, às 11h30min.

Mayara se empolgou, pois seu objetivo parecia cada vez mais real. Passou para o próximo item:

Não ter ânimo para continuar nas dificuldades. Lembrou-se das três questões-chaves como se fosse um mantra.

É real? Sim, afinal, já havia desistido das aulas de capoeira, de crochê e fotografia por motivos que ela nem lembrava mais. No final das contas, mesmo com um excelente começo e empolgação, se um aluno não der sequência ao aprendizado, ficará para sempre no básico. Ela teve um calafrio só de pensar que esse grande sonho poderia ser perdido tão facilmente.

É possível? Sim, claro! Violão é, provavelmente, o instrumento mais tocado do mundo. Ao pegar firme e voltar a aprender mesmo após interrupções, não há como não aprender, leve o tempo que levar.

Qual é meu compromisso? "Essa é difícil", ela pensou. "Como posso garantir que terei ânimo? Há dias em que mal tenho ânimo para sair da cama!" Ela riu de si mesma. Começou a rascunhar algumas ideias: "Bom... talvez eu possa me presentear com um belo cappuccino cada vez que completar uma aula. Ou talvez eu deva um cappuccino ao meu namorado cada vez que eu precisar faltar na aula. Ou, ainda, posso deixar um livro superintrigante na casa de meu professor com o direito de retirá-lo e ler o resto da história na próxima aula". Isso realmente parecia um absurdo para a jovem, que amava ler mais que tudo. Sublinhou a última solução como a escolhida. Ela sorriu: "Agora eu aprendo ou aprendo".

Ela soltou a caneta e puxou o celular do bolso. Seu plano já estava pronto e era realmente concreto. O próximo passo: marcar sua primeira aula.

Business english

Um mito que deve ser quebrado de uma vez por todas é o de que uma pessoa pode aprender "inglês para negócios", "inglês para medicina", "inglês para turismo". Todos esses termos são "add-ons", mas é impossível aprender uma língua somente dentro do contexto daquele tema. O aluno precisa chegar no mínimo a um nível pré-intermediário antes de se especializar com um vocabulário específico. Afinal, as palavras mais comuns que você aprendeu neste livro são utilizadas em qualquer contexto. Seja num jornal, no supermercado, numa clínica ou numa reunião entre sócios. O vocabulário específico aparece, sim, e nem sempre é fácil de deduzir, mas preocupe-se primeiro com o feijão com arroz, senão o resultado será um aluno que consegue entender várias expressões dentro de um tema, mas não consegue se expressar em nenhuma ocasião. Se você já conquistou um nível pré-intermediário ou mais alto, eis alguns vocábulos para você treinar. Mas atenção! Se você não praticar essas palavras novas, elas rapidamente cairão no esquecimento.

TERMO	TRADUÇÃO	EXEMPLO
Management	Gerenciamento/ Gestão/Administração	I studied Business Management at Stanford.
Administration (UK)	Secretariado	There are many administration jobs, but not all pay well.
Administration	Reestruturação legal para fins de reorganizar empresa em falência	They made no profit and, after some time, had to go into administration.

Continua

Continuação

TERMO	TRADUÇÃO	EXEMPLO
Administration (US)	Gerenciamento/Gestão /Administração	I studied Business Administration at Stanford.
Deal	Acordo	They closed the deal in five minutes.
Revenue	Receita	Our revenue increased 10% this month.
Profit	Lucro	Our profits for this year will be robust.
Cashflow	Fluxo de caixa	The accountant ran the cashflow forecasts for the next 3 years.
Branch	Filial	The new branch will open on Friday, the 14th of November.
Headquarter/HQ	Sede	The headquarter was located in a huge office building.
Human Resources /HR	Recursos Humanos/RH	The HR department of that company is very well-run.
Staff	Funcionários/Quadro de funcionários	The staff at the restaurant celebrated the opening of a new branch.
Turnover (UK)	Receita	The turnover for this company is over a million pounds.
Turnover (US)	Rotatividade	Not many people stay in this company, creating a huge turnover.
Pitch	Apresentação comercial / Apresentação para levantar fundos	He prepared his pitch and made some sales.
Inbound Sales	Vendas internas	The inbound sales team works mainly on the phone.
Outbound Sales	Vendas externas	The outbound sales person of this young company is very experienced.

TERMO	TRADUÇÃO	EXEMPLO
Accounting	Contabilidade	Bob works in the accounting department.
Target	Alvo	Our sales target is 6 million for this year.
Advertising	Propaganda	Our advertising budget was reached very fast.
Research and Development/R&D	Pesquisa e Desenvolvimento/P&D	Our R&D efforts have paid off well.
Merger	Fusão	Microsoft wanted to merge with their biggest competitor.
Asset	Ativo	The greatest asset we have is our client list.
Liability	Passivo	All these debts are a huge liability.
Accounts Receivable	Contas a receber	Jane at Accounts Receivable has been working here for ten years.
Accounts Payable	Contas a pagar	The Accounts Payable team is small, but very dilligent.
Company	Empresa	Marcel founded the company in 1983.
Budget	Orçamento	Budgets aren't always followed by all departments.
Competitor	Concorrente	Three of our competitors are bigger than us.
Boss	Chefe	Her boss is almost ninety!
Bill	Conta	There are so many bills to pay, I'm not sure we can handle them all.
Debt	Dívida	We have zero debt in this company.
Offer	Oferta/Promoção	They always have special offers for Christmas.

Continua

Continuação

TERMO	TRADUÇÃO	EXEMPLO
Wholesaler	Atacadista	The wholesaler buys in bulk and sells it to the retailers.
Bulk	Por atacado	We only buy paper in bulk because we use so much of it.
Retail	Varejo	Retail sales are strong this quarter
Middleman	Intermediário	The wholesaler is a middleman between the factories and the retailers.
Paycheck	Holerite	My paycheck was larger than usual this week.
Raise	Aumento de salário	Jimmy got a raise because he delivered more value to the company.
Income tax	Imposto de renda	Income tax usually goes up, but rarely comes down.
Quarter	Trimestre	The second quarter of 2016 was a very expensive one.
CEO/Chief Executive Officer	Diretor geral	The CEO has a big chair in his office in the corner of the building.
CTO/Chief Technology Officer	Diretor de tecnologia	The CTO of this company studied at a prestigious university.
CMO/Chief Marketing Officer	Diretor de marketing	The CMO was fired by the company because she couldn't adapt to their digital marketing plan.
CFO/Chief Financial Officer	Diretor de finanças	Barbara has ben a great CFO for over 10 years.

ACTION TIME!

Escolha a melhor alternativa.

1. Meu holerite veio com 10% a mais do que o normal.

a) My paycheck came with 10% more than usual.

b) My checkpay came with 10% more than usual.

2. O intermediário entre empresa A e B não ganha muito dinheiro.

a) The intermediate between company A and B doesn't make much money.

b) The middleman between company A and B doesn't make much money.

3. Nosso chefe na contabilidade fará 50 anos na semana que vem.

a) Our boss in accounting will be turning 50 next week.

b) Our boss in account will be turning 50 next week.

4. O time de vendas externo conseguiu alcançar a meta do mês!

a) The outbound sales team reached the target this month!

b) The outside sales team reached the target this month!

5. Há muitas contas a pagar, mas nós não temos dívidas.

a) There are many cheques to pay, but we have no debt.

b) There are many bills to pay, but we have no debt.

6. Essa loja varejista é enorme.

a) This retail store is enormous.

b) This shop store is enormous.

7. A apresentação dela foi excelente; ela fechou a venda como um mestre.

a) Her apresentation was excellent, she closed the sales like a master.

b) Her pitch was excellent, she closed the sales like a master.

8. Essas ofertas malucas ajudaram nossas vendas.

a) These crazy oferts helped our sales.

b) These crazy offers helped our sales.

9. Pesquisa e Desenvolvimento é uma área muito cara, mas que gera retorno.

a) P&D is a very expensive area, but it generates a return.

b) R&D is a very expensive area, but it generates a return.

10. Nosso fluxo de caixa está bem saudável nesse trimestre.

a) Our cashflow is very healthy this quarter.

b) Our cashflux is very healthy this quarter.

11. O atacadista cobra menos.

a) The atacadist charges less.

b) The wholesaler charges less.

12. O departamento de contabilidade é cheio de pessoas sérias.

a) The contability department is full of very serious people.

b) The accounting department is full of very serious people.

Confira as respostas no final do livro.

Legal english

Mas, Fabi, eu não sou advogado. Por que preciso saber do vocabulário de inglês legal? Simples, porque se você quer dominar a língua, para ser um cidadão bem preparado, você precisa ter uma noção básica dessa área. Em português, não seria justo dizermos que você sabe o que é um "processo" ou uma "testemunha"? Mas é claro que sim! Como adulto, você corre o risco de ser envolvido em questões desse tipo mesmo contra sua vontade. Então, let's go!

PALAVRA	TRADUÇÃO	EXEMPLO
Testify	Testemunhar	He was called to testify.
Witness	Testemunha	The witness was called to testify.
Court	Corte	The court was filled at 1pm.
Judge	Juiz	In order to become a judge, she studied and worked for several years.
Lawsuit	Processo	I never thought I would have any trouble with Jerry, until I read the lawsuit against me.
Lawyer	Advogado	My lawyer will contact you about this issue.
Attorney	Advogado	My attorney will contact you about this issue.
Solicitor (UK)	Advogado	My solicitor will contact you about this issue.

Continua

Continuação

PALAVRA	TRADUÇÃO	EXEMPLO
Litigation	Litígio	Our company has processes to avoid litigation.
Sue	Processar	They wish to sue the restaurant because of difamation.
Arrest	Prender	Tony was arrested when he tried to run away from the crime scene.
Adjourn	Adiar	The trial was adjourned because the judge felt sick.
Appeal	Apelo/Apelar	I don't believe we have a good chance to appeal this.
Bankrupt	Falido	The couple declared bankruptcy.
Sentence	Sentença	His sentence was 10 years in a maximum security prison.
Jurisdiction	Jurisdição	I would love to help you, but this is not my jurisdiction.
Evidence	Evidência	Georgina provided all the evidence necessary for the case.
District Attorney (D.A.)	Procuradoria Geral Distrital	The District Attorney has the right to security officers and to carry a gun.
Charge	Acusação	The charges against you are very serious; you will need a great lawyer.
Guilty	Culpado	Julie was found guilty of almost all the charges against her.
Jury	Júri	The jury had compassion in this particular case.
Power of attorney	Procuração	He needs a power of attorney in order to sign in your name.
Verdict	Veredito	The verdict was favorable in the end.
Trial	Julgamento	The trial was very long, but they finally came to a verdict.
Labour dispute	Disputa trabalhista	There was a labour dispute between the workers and the factory.

ACTION TIME!

Escolha a melhor alternativa para cada questão.

1. **Johnny declared he was ___________ and couldn't pay his bills.**

a) Bankrupt b) Bankbroke c) Bankfailed

2. **A ________________________ is a dispute between an employer and one or more employee.**

a) Labour fight b) Labour dispute c) Labour discussion

3. **He signed a ______________________ so that Uncle Barry could sign in his name.**

a) Power of lawyer b) Power of attorney c) Power of solicitor

4. **A ________________________ is someone who saw something happen at a crime scene.**

a) Witness b) Testament person c) Testimony

5. **The person judging the trial is the _______________.**

a) Juice b) Judge c) Judgian

6. **He became so angry that he delivered the company a ___________________.**

a) Lawcase b) Lawprocess c) Lawsuit

7. **We have no _______________ yet, but we will find some by investigating.**

a) Evidency b) Proove c) Evidence

8. **His _______________ was 10 years in jail.**

a) Sentence b) Sentency c) Sentencie

9. In law, D.A. is a ___________________________.

a) District Attorney b) Diligent Attorney c) Delightful Attorney

10. If the sentence is unfair, the lawyer may be able to make an ____________________.

a) Appelation b) Appealation c) Appeal

11. If the person is considered not _______, they don't go to prison.

a) Culprit b) Guilty c) Gullible

12. Police officers have different ______________________.

a) Jurislocations b) Jurisprudences c) Jurisdictions

Confira as respostas no final do livro.

Medical vocabulary

Relutei um pouco em apresentar essa parte de vocabulário específico. Pensei: "Mas quando você, como leitor, precisará saber disso?". A verdade é que ao visitar Miami, ou qualquer canto do mundo que não fale português nativamente, você precisará saber de pelo menos o básico do vocabulário de emergências. Por exemplo, você sabia que o número 911, o famoso número telefônico de emergências nos EUA, não é utilizado no Reino Unido? Ou você sabia que "surgery" nem sempre é "cirurgia"? Pois é, eu espero que não, mas nem sempre nossas rápidas viagens terminam bem, e vez ou outra você pode precisar de atendimento médico. Então, mãos à obra!

PALAVRA	TRADUÇÃO	EXEMPLO
Doctor	Médico	The doctor was ready to see me immediately.
Nurse	Enfermeira	She became a nurse after training for four years.
G.P. (General Practitioner)	Clínico geral	The G.P. saw 40 patients in one day.
Surgeon	Cirurgião	Mr. Edison was a heart surgeon for 19 years.
Waiting room	Sala de espera	The waiting room had toys for the children to play.
Receptionist	Recepcionista	There were three receptionists for that office.

Continua

Continuação

PALAVRA	TRADUÇÃO	EXEMPLO
Medicine	Remédio	That medicine tasted strange.
Medicine	Medicina	She chose to study Medicine in university.
Prescription	Receita médica	He wrote a prescription for the correct medicine.
Pill	Pílula	She took the pill every day for three weeks.
Tablet	Tablete	This medicine only comes in tablets.
Pharmacy	Farmácia	The pharmacy is around the corner.
Chemist (UK)	Farmácia	The chemist is around the corner.
Drugstore (US)	Farmácia	The drugstore is around the corner.
E.R. (US)	Sala de emergência	They took the boy to the E.R. and he was seen quickly.
A&E (UK)	Sala de emergência	They took the boy to the E.R. and he was seen quickly.
I.C.U. (Intensive Care Unit)	U.T.I.	The doctors took Sarah to the I.C.U. and kept her there for two days.
Surgery	Cirurgia	The brain surgery was a difficult one, but a complete success.
Surgery (UK)	Clínica	The surgery was full of people
Doctor's office	Clínica	The doctor's office was always full on Friday mornings.
911 (US)	Número de telefone de emergências	Quick! Call 911! It's a medical emergency!
999 (UK)	Número de telefone de emergências	Quick! Call 999! It's a medical emergency!
Shot	Injeção	People over 60 should take flu shots.
Injection	Injeção	People over 60 should take flu injections.
Ache	Dor	His back ached, so he decided to go to the doctor's office.
Pain	Dor	They felt a lot of pain when they fell to the ground.

PALAVRA	**TRADUÇÃO**	**EXEMPLO**
Plaster (UK)	Band-aid	The nurse put a plaster on my finger.
Band-Aid (US)	Band-aid	The nurse put a band-aid on my finger.
Midwife	Parteira	The midwife delivered three babies in one shift.
Blood	Sangue	The blood test came back as OK.
Blood pressure	Pressão sanguínea	George has high-blood pressure, so he needs to exercise more.
Bruise	Hematoma	It's just a small bruise, nothing serious.
Virus/Bug	Vírus	Kids in school usually get a bug every now and again because they are all together.
Painkiller	Analgésico	Doctor Hutchinson gave me a painkiller for my arm.
Fever	Febre	His fever was decreasing with time and rest.
Cold	Resfriado	I caught a cold last week and sneezed a lot.
Flu	Gripe	He had the flu and couldn't go to the party.
X-ray	Raio-x	The x-ray machine stopped working.
Cast	Gesso	He broke his leg for the second time and had to put in a cast.
Dizziness	Tontura	One of her symptoms was dizziness.
Ward	Enfermaria	After the surgery, Margaret stayed in the Ward for a day to recover.
Sample	Amostra	He took urine samples and the results come out today.
Symptoms	Sintomas	The symptoms can vary from person to person.
Side effect	Efeito colateral	The possible side effect of the medicine was headaches and dizziness.
Faint	Desmaiar	Suzy got up from her bed too fast and fainted.
Sick	Doente	He felt a little sick, but nothing serious.

Continua

Continuação

PALAVRA	TRADUÇÃO	EXEMPLO
Ill	Doente (normalmente mais sério ou por tempo prolongado)	He was nervous about becoming ill and not being able to work anymore.
Disease	Doença	His heart contracted a disease that needed to be cured quickly.
Cough	Tossir	When you cough, please cover your mouth.
Sneeze	Espirrar	Sneezes are a common symptom of a cold.
Discomfort	Mal-estar	Harry felt some discomfort during the exam.

ACTION TIME!

Nesta primeira fase, vamos ver de quais destas palavras você se lembra! Risque todos os vocábulos que você já conhece desta lista:

Doctor
Receptionist
Tablet
Nurse
Medicine
Pharmacy
G.P. (General Practitioner)
Chemist (UK)
Surgeon
Prescription
Drugstore (US)
Waiting room

Pill
E.R. (US)
A&E (UK)
999 (UK)
Band-Aid (US)
I.C.U. (Intensive Care Unit)
Shot
Midwife
Surgery
Injection
Blood
Surgery (UK)

Ache
Blood pressure
Doctor's office
Pain
Bruise
911 (US)
Plaster (UK)
Virus/Bug
Painkiller
Dizziness
Sick
Fever
Ward

Ill
Cold
Sample
Disease
Flu
Symptoms
Cough
X-ray
Side effect
Sneeze
Cast
Faint
Discomfort

Dos que restaram, escolha cinco vocábulos que você considera os mais importantes em suas viagens futuras.

1. ______________________________________
2. ______________________________________
3. ______________________________________
4. ______________________________________
5. ______________________________________

Agora volte à lista original de vocabulário médico, recolha frases de exemplo e faça um exercício de adding ou flipping com cada uma delas.

Adding/flipping

Frase base: ________________________________

Criação 1: ________________________________

Criação 2: ________________________________

Criação 3: ________________________________

Criação 4: ________________________________

Adding/flipping

Frase base: ________________________________

Criação 1: ________________________________

Criação 2: ________________________________

Criação 3: ________________________________

Criação 4: ________________________________

Adding/flipping

Frase base: ______

Criação 1: ______

Criação 2: ______

Criação 3: ______

Criação 4: ______

Adding/flipping

Frase base: ______

Criação 1: ______

Criação 2: ______

Criação 3: ______

Criação 4: ______

Adding/flipping

Frase base: ______

Criação 1: ______

Criação 2: ______

Criação 3: ______

Criação 4: ______

Preffix/Suffix

Assim como em nossa língua-mãe, prefixos e sufixos são atalhos quase sempre certeiros. Nossa sorte é que muitos dos prefixos (quem vêm antes da palavra principal) e sufixos (que vêm depois da palavra principal) têm suas origens no latim. Preste bastante atenção ao significado destes prefixos e sufixos, pois você será testado logo após este bloco de vocabulário.

PREFIXO OVER- Fazer acima do esperado ou demasiadamente	**TRADUÇÃO**	**EXEMPLO**
Overdo	Exagerar/Investir esforço demasiado	For a first birthday party, I think the decoration is a bit overdone.
Overcook	Passar do ponto cozinhando	I tried making a cake but left it in the oven too long, it overcooked and burnt!
Oversell	Vender benefícios além do que possa entregar	The salesman oversells his stock because he wants to get rid of it.

PREFIXO UNDER- Fazer abaixo do esperado ou insuficientemente	**TRADUÇÃO**	**EXEMPLO**
Undercook	Cozinhar abaixo do ponto.	If you eat undercooked pork, you might get sick.
Undercharge	Cobrar menos que o devido.	The bill was for 10 dollars, but he only charged me 9. He undercharged me by 1 dollar.
Underperform	Performar abaixo do esperado.	He started underperforming in his studies when he met that girl.
Underpay	Pagar menos que o esperado.	That company underpays all their workers, so they never stay for long.

PREFFIX PRE- Relacionado ao que vem antes	**TRADUÇÃO**	**EXEMPLO**
Prepare	Preparar	If you fail to prepare, you prepare to fail.
Preschool	Pré-escola	Jane had to take her two children to preschool this morning.
Preapprove	Pré-aprovar	Martin was preapproved for a bank loan.

PREFIX MIS- Não atender o objetivo	**TRADUÇÃO**	**EXEMPLO**
Misbehave	Comportar-se mal	Gabriel misbehaves when his mother is not present.
Misunderstand	Entender mal	If you don't communicate clearly, people will misunderstand your message.
Mistake	Cometer erro	I make mistakes when I try to do many things at the same time.

PREFIX COUNTER- Ser contra	**TRADUÇÃO**	**EXEMPLO**
Counter-attack	Contra-atacar	The enemy did not give up and counter-attacked with bombs.
Counterclockwise	Contra o sentido do relógio	I'm starting the game, then going person by person counterclockwise.
Counteract	Compensar com uma ação	He counteracted the kick with a punch.
Counterbalance	Contrabalancear	We have to spread out our weight when travelling by plane to counterbalance a heavier side.

SUFFIX -LESS Com pouco, não suficiente	**TRADUÇÃO**	**EXEMPLO**
Careless	Sem cuidado	She was a bit careless when painting the wall, so it doesn't look great.
Hopeless	Sem esperança	Otto felt hopeless after the breakup.
Worthless	Sem valor algum	A cheap pen that doesn't work is worthless.
Powerless	Impotente	We feel powerless when a child is in pain.

SUFFIX -FREE Completamente sem	**TRADUÇÃO**	**EXEMPLO**
Sugarfree	Sem açúcar	This drink is sugarfree, so diabetics can consume it.
Worryfree	Sem preocupação	Life is only worryfree if it's boring.

Continua

Continuação

Calorie-free	Sem calorias	Most people wish junk food would be calorie-free.
Trouble-free	Sem problemas	There are trouble-free ways to make money, but the returns aren't great.

SUFFIX -ABLE Capaz	**TRADUÇÃO**	**EXEMPLO**
Doable	Possível de fazer	This task is very doable even if you're a beginner.
Believable	Acreditável	It's more believable when people in movies cry for real.
Reachable	Alcançável	The objective for this month was reachable for all salespeople.
Unforgetable	Inesquecível	Memories made in childhood can be unforgetable.

SUFFIX -IBLE Capaz	**TRADUÇÃO**	**EXEMPLO**
Accessible	Acessível	Not all shops are accesible for people in wheelchairs.
Audible	Audível	Some sounds are not audible to humans.
Convertible	Conversível	Convertible cars are usually more expensive.
Possible	Possível	It's not always possible to please everyone.

SUFFIX -PROOF À prova de	**TRADUÇÃO**	**EXEMPLO**
Waterproof	À prova d'água	My watch is waterproof.
Foolproof	À prova de tolos	This equipment is so foolproof that even that guy can operate it.

Breakproof	À prova de quebra	It's completely unbreakable; in other words, it's breakproof.
Bulletproof	À prova de balas	You must wear bulletproof vests here if you want to survive.

SUFFIX -WISE Em relação a/ Na direção de	**TRADUÇÃO**	**EXEMPLO**
Health-wise	Em relação à saúde	Health-wise she's feeling a lot better after the treatment.
Money-wise	Em relação a dinheiro	He is happy, but money-wise he knows there are better things in his future.
Work-wise	Em relação a trabalho	Work-wise things aren't great, they are arguing about him working too much.
Personality-wise	Em relação à personalidade	She's beautiful, but personality-wise she's a difficult person.

SUFFIX -WORTHY Digno de	**TRADUÇÃO**	**EXEMPLO**
Newsworthy	Digno de ser noticiado	I live in a small town, there aren't many newsworthy things happening here.
Praiseworthy	Digno de ser louvado	What he did for that little girl was very praiseworthy.
Creditworthy	Digno de receber crédito	He worked very hard, but wasn't yet creditworthy according to the bank.
Trustworthy	Digno de confiança	I didn't think they were trustworthy at the beginning, but I've changed my mind.

ACTION TIME!

Traduza as expressões a seguir com suas devidas palavras em inglês. Confira as respostas no final do livro.

Prefixos

Exagerar/Investir esforço demasiado ______________________

Passar do ponto cozinhando ______________________

Vender benefícios além do que possa entregar ______________________

Cozinhar abaixo do ponto ______________________

Cobrar menos que o devido ______________________

Performar abaixo do esperado ______________________

Pagar menos que o esperado ______________________

Se comportar mal ______________________

Entender mal ______________________

Cometer erro ______________________

Preparar ______________________

Pré-escola ______________________

Pré-aprovar ______________________

Contra-atacar ______________________

Contra o sentido do relógio ______________________

Compensar com uma ação ______________________

Contrabalancear ______________________

Sufixos

Sem cuidado ________________________________

Sem esperança ________________________________

Sem valor algum ________________________________

Impotente ________________________________

Sem açúcar ________________________________

Sem preocupação ________________________________

Sem calorias ________________________________

Sem problemas ________________________________

Possível de fazer ________________________________

Acreditável ________________________________

Alcancável ________________________________

Inesquecível ________________________________

Acessível ________________________________

Audível ________________________________

Conversível ________________________________

Possível ________________________________

À prova d'água ________________________________

À prova de tolos ________________________________

À prova de quebra ________________________________

À prova de balas ________________________________

Em relação à saúde ________________________________

Em relação a dinheiro ________________________________

Digno de ser noticiado ________________________________

Digno de confiança ________________________________

Espero que com isso você tenha alavancado seu vocabulário. E por que uso a palavra "alavancar", em vez de "aumentar"? Por um simples motivo: ao aprender sufixos e prefixos, você pode decifrar muitas palavras que ainda não conhece, pois essas partículas dão uma dica sobre o significado de novas palavras.

Como fazer um currículo em inglês

Ok, então você já aprendeu um pouco de inglês e já se sente pronto para escrever seu currículo nessa língua ou já quer deixar o documento preparado para quando aparecer uma oportunidade. De qualquer modo, primeiro precisamos definir o que é um CV (*curriculum vitae*), o que é um *resumé* e o que é uma *cover letter*. Vamos por partes.

Cover letter

Em primeiro lugar temos a cover letter, que é uma carta de apresentação. É literalmente a capa de apresentação de seu CV ou seu resumé. Nessa carta você precisa listar seus dados de contato, os dados de contato do responsável pelo processo de seleção e apresentar uma explicação breve sobre detalhes que você gostaria de ressaltar.

John Smith

9421 Newmarket Drive, Edmonton, Alberta, TB3 23N
(204) 244- 4344 johnsmith@johnsmith.com

13th of March, 2017

HR Manager
Chemchem Industries
44 Gillian Miles St, Edmonton, Alberta

Dear Sir/Madam

I am applying for the position of chemical engineer that you advertised in the Edmonton Post this week.

I am very familiar with your company and have friends who highly recommend your products.

You specified in your ad that in order to succeed in this position, one should have great analytical skills as well as the ability to deliver work on time and on budget. After having worked for 15 years in this industry, I can tell you that those are essential to the smooth running of a successful company such as your own. I can also tell you that in my last job alone, I was able to deliver my projects as you have specified.

Please feel free to contact my current and past employers as they are aware of my intention to join your company and can atest to my work ethic.

I am available on the phone listed above from 5pm Monday to Friday and at any time during the weekends.

Yours Faithfully,

John Smith

Pontos importantes:

1. Dados de contato são normalmente adicionados na parte superior da cover letter. Não se esqueça de telefone e e-mail.
2. Quando não se sabe o nome da pessoa que receberá a carta, colocamos "Dear Sir/Madam" e terminamos com "Yours Faithfully" (britânico) ou "Yours Truly" (americano).
3. Quando sabemos o nome da pessoa, tratamos homens como Mr. + sobrenome, e mulheres como Ms. + sobrenome e, ao final, "Yours Sincerely" (britânico) ou "Sincerely yours" (americano).
4. Poucas informações vendem o candidato de maneira concisa.
5. Informações sobre quando entrar em contato, que não constam no resumé em si, são úteis.
6. É importante colocar parágrafos curtos e com espaços entre si, pois facilita a leitura.

ACTION TIME!

Agora é a sua vez! Preencha a cover letter com seus dados:

Name: ____________________

____

Address: ______________________

Phone: ________ E-mail: ______________

Date: ______________________

Person: ______________________

Company: ______________________

Company's address: ______________________

Dear Sir/Madam,/Dear Mr., __________ /Dear Ms., __________

____

Yours Faithfully,/Yours Truly,/Yours Sincerely,/Sincerely yours,

Name: ______________________

Resumé

O resumé é um currículo de no máximo duas páginas detalhando os principais pontos necessários para que o responsável pelo processo de seleção saiba somente aquilo que possa estar relacionado ao trabalho em questão. Seja breve, coloque o principal e respeite o limite de no máximo duas páginas.

Pontos importantes:

1. Se não houver uma cover letter, dados de contato são normalmente adicionados na parte superior do resumé. Não se esqueça de telefone e e-mail.
2. O Profile detalha as características que serão úteis para aquela posição. Veja que, nesse caso, está coberto de adjetivos e escrito na terceira pessoa.
3. Uma alternativa ao "Responsibilities" seria "Results", com exemplos de resultados palpáveis e numéricos alcançados. Exemplo: ***Reduced cost of department by 20% per year.***
4. Em References, coloque referências que possam atestar seu trabalho.
5. Liste alguns hobbies, filiações e afins em Personal.

John Smith

9421 Newmarket Drive, Edmonton, Alberta, TB3 23N

(204) 244- 4344 johnsmith@johnsmith.com

Profile

A very resourceful, flexible and enthusiastic professional who possesses a considerable amount of knowledge regarding engineering of chemical products for farming and textiles. A quick learner who can absorb new concepts and is experienced in coordinating, planning and leading a team towards project completion. Well organised and an excellent team player with a proven ability to work proactively in a complex and busy lab environment. John is now looking for a career advancement opportunity with a company that will allow him to develop his leadership skills within the engineering department.

Career history

Houston Labs March 2015 — Current

Senior engineer
Responsibilities: Leading a team of 20 engineers, running and delivering projects.

Grimleud Plastics January 2010 — March 2015

Senior engineer
Responsibilities: Leading a team of 7 engineers, running and delivering projects.

Jimson Park Industries September 2003 — January 2010

Engineer
Executing projects in the engineering department.

Kaplan Panamerican April 2002 — September 2003

Junior engineer
Executing projects in the engineering department, reporting to superiors.

Key competencies and skills

Leadership
SCRUM and Agile
Chemical engineering
Project management
Languages: English (fluent, native), Portuguese (fluent), Spanish (intermediate).

Academic qualifications

New York University 1998 - 2001
B.S. Chemical Engineering

References

Carla Peterson — VP of product

Houston Labs
(204) 366-2798

Tony Paroni — Head of engineering

Grimleud Plastics
(204) 266-1182

Personal

Member of SCRUM club in Edmonton
Avid reader of science fiction

ACTION TIME!

Agora é a sua vez! Preencha o resumé abaixo com seus dados:

Name: ______________________

Address: ______________________

Phone: ________ E-mail: ______________________

Profile

____

____

____

____

Career history

Company: ______________ Period: ______________

Position: ______________________

Responsibilities/Results: ______________________

Company: ______________ Period: ______________

Position: ______________________

Responsibilities/Results: ______________________

Company: ______________ Period: ______________

Position: ______________________

Responsibilities/Results: ______________________

Company: ______________ Period: ______________

Position: ______________________

Responsibilities/Results: ______________________

Key competencies and skills

____

____

____

____

____

____

Academic qualifications

University: ____ Period: ______________________

Course: ______________________________________

References

Person: ______________ Position: ______________

Company: ____________________________________

Contact details: _______________________________

Person: ______________ Position: ______________

Company: ____________________________________

Contact details: _______________________________

Personal

Affiliations: __________________________________

Hobbies: _____________________________________

Ok, agora que você já conhece a cover letter e o resumé, o que nos falta é o CV. Bom, um CV é uma forma longa de seu histórico, com muito mais detalhes que o resumé. Normalmente é utilizado em cargos em que se exige um maior grau de profundidade de detalhes nos campos científicos para bolsas e no nível presidencial de uma grande empresa. Nesse caso, a única diferença é o nível de detalhe. Um CV pode ter 5, 7, 10 páginas.

Atenção! Às vezes as palavras resumé e CV são utilizadas para dizer a mesma coisa. Nesse caso, o nível de detalhe prevalece dependendo da finalidade do currículo, como explicado antes.

Application Form

Para muitas vagas de emprego, geralmente aquelas que não exigem uma profissionalização ou formação, é utilizado o application form, que é um formulário já pronto, feito pela própria empresa que está contratando. Isso ocorre especialmente se for uma empresa de grande porte. Faz sentido, pois no application form eles pedem exatamente as informações que são relevantes para o processo de seleção.

Pontos importantes:

1. É comum a empresa expressar sua neutralidade na escolha dos candidatos, como observamos no primeiro parágrafo.
2. No Reino Unido, expressamos datas assim como no Brasil. DD/MM/YY = dia, mês, ano. Já nos Estados Unidos, expressamos como MM/DD/YY = mês, dia, ano. No Canadá, os dois modos são utilizados, então é importantíssimo reparar na especificação DD/MM/YY ou MM/DD/YY.
3. Post Code = CEP no Reino Unido.
4. Zip Code = CEP nos Estados Unidos.
5. Mobile = celular no Reino Unido.

6. Cell phone = celular nos Estados Unidos.
7. Home telephone significa telefone fixo (de casa) tanto no Reino Unido quanto nos Estados Unidos, porém landline é usado somente no Reino Unido.
8. National Insurance Number (Reino Unido) e Social Insurance Number (EUA) é algo parecido com o CPF nesses respectivos países.

THE WONDERFUL COMPANY
APPLICATION FORM
General Assistant

The Wonderful Company is an equal opportunity employer. All qualified applicants will receive consideration for employment without regard to race, color, religion, gender, gender identity or expression, sexual orientation, national origin, genetics, disability, age or veteran status. Please, fill out form in block capitals.

Full name: ______________________________

D.O.B. (MM/DD/YY):   /   /

Address: ____________ City / Town: _________

Post code/Zip code: ______________________

E-mail: ____________ Mobile/Cell phone: ___________

Home telephone/Landline: ___________________

National Insurance Number/Social Insurance Number

____

❑ Male ❑ Female

Days and times available:

	M	T	W	T	F
8am — 12 noon					
12 noon — 4pm					
4pm — 8pm					

Are you willing to work on weekends? ❑ Yes ❑ No

Do you have a current driver's license? ❑ Yes ❑ No

Do you have any disability? ❑ Yes ❑ No

If yes, please give details: ______________________________

____

Are you legally entitled to work in this country? ❑ Yes ❑ No

Please bring documentation/proof of the above if called for an interview.

Do you have any experience in retail? ❑ Yes ❑ No

If yes, please give details below: _________________________

____

Company: _____________________________________

Period: From (MM/YY) to (MM/YY)

Responsibilities: ________________________________

ACTION TIME!

Responda a estas perguntas sobre os documentos relacionados à obtenção de trabalho.

1. O resumé costuma ter no máximo quantas páginas?

a) 1 b) 2 c) 3

2. O CV é mais utilizado para quais finalidades?

a) Bolsas científicas e diretores de empresas
b) Engenheiros e contadores
c) Gerentes de qualquer posição

3. Na cover letter, quando não se sabe o nome da pessoa que receberá a carta, colocamos:

a) "Dear sir/Madam" b) "Dear Mr./Madam" c) "Dear Person"

4. Em "References" listamos:

a) Livros que gostamos de ler
b) Cursos de aperfeiçoamento que fizemos
c) Pessoas que atestem a qualidade de nosso trabalho

5. MM/DD/YY significa:

a) Pai, mãe, ano de casamento
b) Mês, dia, ano
c) Dia, mês, ano

Confira as respostas no final do livro.

Como escrever um e-mail em inglês

E-mails são bastante utilizados para se comunicar nos países de fala inglesa. Existem algumas regras? Não exatamente, mas é bom notarmos algumas tendências. O e-mail é mais informal, tende a ser curto e direto ao ponto, e podemos usar tratamentos mais informais.

Pontos importantes:

1. Podemos usar saudações mais informais, como "hello", "hello there" etc. Evite saudações ligadas ao horário do dia, como "good morning", "good afternoon" etc., pois não se sabe que horário a pessoa vai ler o e-mail.
2. Seja conciso, vá direto ao ponto, permita que a pessoa responda para dar continuidade à conversa.
3. Você pode terminar com saudações mais informais, como "Best regards", "All the best" e "Take care" (um pouco mais íntimo).
4. Esqueça o "venho por meio desta" e expressões demasiadamente formais. Aliás, saiba que, se o destinatário é americano, ele usará uma linguagem bem informal. Se for britânico, é capaz que use uma linguagem um pouco mais formal, mas ainda dentro dos parâmetros de um e-mail.

To: mrsmith@mrsmith.com

Subject: Greetings from Brazil

Hello, Mr. Smith,

This is Diana and I just want to thank you for attending our event on September 15th in Rio de Janeiro. It was a great pleasure having you here.

We hope to have you next year as a guest speaker one more time, since the crowd loves you.

Best regards,

Diana Medina

Treinando seu listening: Dictations

Já pensou em treinar sua escuta em inglês (listening) via livro? Pois é, esta é sua chance. Montei alguns ditados especialmente para alunos de inglês dentro de meu curso Master Fluency e fiz questão de gravar na minha própria voz. Como esses ditados são próprios para alunos, cada segmento é falado três vezes, para você não precisar pausar nem voltar o áudio. Para acessar, basta entrar no site da Alta Books <www.altabooks.com.br> e procurar pelo título do livro ou pelo ISBN.

Confira as respostas no final do livro.

Dictation 1:

Dictation 2:

Dictation 3:

Dictation 4:

Dictation 5:

Dictation 6:

Dictation 7:

Dictation 8:

Dictation 9:

Dictation 10:

Dictation 11:

Dictation 12:

Erros comuns dos brasileiros

Todos os grupos étnicos ou linguísticos, com o tempo, desenvolvem algumas características que diferem da maneira correta de construir frases ou pronunciar palavras. No Brasil vemos que alguns erros não são exclusivos de certos alunos, mas cometidos pela maioria. Se você já se sentiu inseguro sobre aquilo que estava escrevendo ou falando, talvez seja um sinal de que esses erros comuns estejam aparecendo em seu vocabulário. Mas não se preocupe! Vamos destrinchar alguns deles para que você não caia nessas armadilhas.

An university × A university

Vamos começar com uma regra mal-explicada por alguns professores de inglês. A regra é: "Quando temos um SOM de vogal bem no início de uma palavra, o artigo *'a'* é substituído por *'an'*". Mas é ensinado erroneamente da seguinte forma: "Quando temos uma vogal bem no início de uma palavra, o artigo *'a'* é substituído por *'an'*". Não percebeu a diferença? Volte e leia as duas frases com atenção. Você pode estar se perguntando: "Mas que raios significa *som de vogal*?". As vogais em geral podem ser pronunciadas de duas maneiras, fato que você já conhece. A questão é que, de vez em quando, algumas vogais são pronunciadas com som das letras Y ou W, como vemos no exemplo anterior. *University* tem a mesma pronúncia de Y no início de *You-niversity*, portanto, o som é considerado de consoante (nesse caso, da consoante Y). Um outro exemplo seria a palavra *one*. A letra "o" inicial é pronunciada exatamente igual ao "w", então poderíamos pronunciar tanto *one* quanto *wone* da mesma forma, portanto, conta como um som de consoante (nesse caso, da consoante W), e não de vogal. Isso quer dizer que, se você fosse colocar o artigo antes dessa palavra, teria de ser *"a"*, e não *"an"*.

Esse erro, apesar de ter uma regra bem clara desqualificando qualquer dúvida, não é o suficiente. No decorrer de um bate-papo, uma pessoa simplesmente não tem tempo de parar para pensar na palavra seguinte e na complexidade de ter um som de vogal ou som de consoante. Como aprender? Modelando apenas materiais nativos. O que quero dizer com isso? Seu processo de formação de frases deve vir somente de frases 100% corretas, formadas por nativos, e modificadas para expandir seu vocabulário. É tentador querer, no início do aprendizado, formar frases de nossa cabeça e ter somente a esperança, e não a certeza, de que estão corretas. Use um atalho! Pegue frases que você tem toda a certeza de estarem corretas, e somente a partir delas comece a montar outras frases. Com esse bom hábito você perceberá que "an apple" é a forma correta, pois você já ouviu essas duas palavras juntas, nesse formato, dezenas de vezes. O alvo aqui não é fazer com que você decore várias regras. De jeito algum! O alvo é chegar no estágio em que você simplesmente sabe como falar corretamente porque todas as opções erradas "soam estranho". Isso só se consegue com a intensa prática de ouvir e ler em inglês, montando frases baseadas nesses materiais.

Escolha "a" ou "an" para as seguintes frases.

1. He chose ____ university that was close to home.
2. They saw ____ one-legged man playing the piano.
3. Sadie had ____ eye operated last week.
4. I had ____ apple for lunch.
5. She had ____ unique taste in handbags.
6. She had ____ very unique taste in handbags.

Confira as respostas no final do livro.

Thanks God

Esse é um erro um pouco engraçado, pois o significado tem uma diferença tão sutil que muitos não percebem como uma letrinha pode mudar tudo. "Thanks God" já foi usado por muitas pessoas como o equivalente ao nosso "graças a Deus". Na verdade, "graças a Deus" se diz "thank God", sem a letra *s* no final. Ao adicionar esse *s*, a pessoa na verdade está dizendo "valeu, Deus", ainda como forma de agradecimento, mas se direcionando diretamente a Deus e de uma maneira bem mais informal. Agora você já sabe! Quando quiser dizer "graças a Deus", diga "thank God", sem adição da letra *s*.

Traduza as seguintes expressões:

1. Thanks God! ________________________.
2. Thank God! ________________________.

Confira as respostas no final do livro.

Doubt

Você já teve uma pergunta a ser feita e, na ocasião, expressou essa pergunta com a frase "eu tenho uma dúvida"? Claro que sim! Mas você já teve uma dúvida no sentido de duvidar que alguém esteja falando a verdade? Naquele momento, sua dúvida não era uma pergunta, e sim falta de fé, desconfiança, correto? Pois bem, em português utilizamos as mesmas palavras nessas duas ocasiões, mas em inglês elas são distintas, o que causa um erro que até meus alunos mais avançados tiveram que aprender. Para dizer "eu tenho uma pergunta", use "I have a question". Para dizer "tenho falta de fé em..." utilize "I have doubts about...".

Traduza as seguintes expressões:

1. Tenho uma dúvida (sentido: pergunta)________________________.
2. Tenho falta de fé em... ________________________.

Confira as respostas no final do livro.

Adicionar Y ao final de sons secos

Quando o assunto é pronúncia, talvez não exista um erro mais frequente do que esse. Em inglês, diferentemente do português, muitas palavras terminam com um som totalmente seco, se tornando evidente em palavras como make, take, book etc. Justamente por não termos algo parecido em nossa língua, ao ver a grafia dessas mesmas palavras, naturalmente puxamos a pronúncia para terminar em uma vogal, pronunciando as palavras de maneira incorreta. Elas ficam deste modo: makey, takey, booky. Se você acabou de ler essas palavras da mesma forma como leu as anteriores, você faz parte do grupo de milhões de brasileiros que cometem esse erro. Mas como evitar isso? Em primeiro lugar, é necessário reconhecer que sua pronúncia está incorreta. Aí é que mora o perigo. Se você se comparar ao seu professor, aos seus colegas, a todos os brasileiros, como saberá se eles também estão falando corretamente? A verdade é que, no início, tudo o que é jogado, perdoe-me a expressão, ao aluno iniciante é aceito sem ser questionado. Nessas questões de pronúncia, é sempre melhor recorrer a uma fonte nativa. Sugiro que primeiramente grave em seu celular sua voz pronunciando exatamente estas palavras: make, take, book. Em seguida, faça uma pesquisa na internet com cada palavra separadamente, adicionando a palavra "pronunciation" ao termo de busca. Você encontrará uma dezena de sites com a pronúncia nativa de qualquer palavra. Depois compare sua gravação com a pronúncia nativa. Nesse momento é importante notar o número de sílabas e esquecer completamente a grafia da palavra. Ao notar o ritmo e as sílabas na gravação nativa, perceberá que as palavras make, take e book contêm uma sílaba só. Sim, apenas um som! Se o som emitido fosse expressado por uma batida em um tambor, seria somente um toque: *tum*. Se sua gravação tiver dois toques, como ma-key, é porque está sendo pronunciada de maneira errada. Para que essas palavras saiam certas, é preciso treinar, gravar e comparar, até que não haja diferença alguma.

ACTION TIME!

Grave as seguintes palavras em seu celular ou computador: make, take, book.

Faça uma busca na internet com cada palavra individualmente, mais a palavra "pronunciation".

Compare o ritmo e o número de sílabas entre sua gravação e o áudio nativo.

Ao acertar essas palavras, experimente estas outras: take, important, quit, moat, like, life.

Som de We e You

Quando ouvi esse erro pela primeira vez, fiquei confusa, pois não conseguia ligar um som ao outro. Porém, com um pouco mais de experiência, percebi que esse erro é mais comum do que se imagina, e mesmo sendo sons completamente diferentes, ainda existem pessoas hoje, por falta de prática e maus-hábitos no início do aprendizado, que confundem os dois sons. Não seja um deles! Se pudéssemos emprestar a grafia em português, seria mais ou menos assim: "iú" = you e "uí" = we.

ACTION TIME!

Para treinar os dois intensamente e não confundir, grave as frases a seguir em seu celular/ computador e compare com os sons nativos, como você aprendeu no segmento anterior:

"You would go, but we will work now."

"We will eat, and you will sleep."

"I, you and we are all pronouns."

I believe you × I believe in you

As frases "I believe you" e "I believe in you" são traduzidas como "eu acredito em você". Então qual é a diferença de significado? É sutil, mas você precisa ficar esperto. "I believe you" quer dizer acreditar em algo que a pessoa disse ou deu a entender. É uma confirmação de veracidade dos fatos. Já "I believe in you" quer dizer "eu boto fé em você", no sentido de acreditar que a pessoa tem um grande potencial e um valor especial.

Get × Conseguir

A palavra "get" muitas vezes é traduzida como conseguir. Sim, de vez em quando é possível uma tradução literal dessa maneira, mas "get" tem mil e uma funções, e "conseguir" é somente uma dentre elas. Como muitas outras palavras que vemos aqui, a palavra "conseguir" em português nem sempre pede a palavra "get" em inglês, e vice-versa. O problema que isso causa é que, como muitas pessoas, erroneamente, formam frases a partir da própria cabeça, que só domina o português e, portanto, traduz para o inglês, o sentido se perde. Veja estes exemplos:

Eu consigo nadar.	I can swim./I am able to swim.
Eu vou conseguir chegar ao casamento a tempo.	I'm going to be able to make it to the wedding on time.
Um dia eu vou conseguir trabalhar ali.	One day I will be able to work there.

Em nenhum desses casos nós utilizamos a palavra "get". Na verdade, "conseguir", como você vê, é mais frequentemente traduzido como "to be able to", no sentido de "ser capaz de". "Get" também faz parte de muitos phrasal verbs, que veremos a seguir.

"I like listening this music"

Nessa frase vemos dois erros fatais, porém comuns vindo de brasileiros como eu e você. Vejamos por partes. A primeira questão é a palavra "music", que, ao contrário do que se possa imaginar, não significa uma canção em si, mas música em geral. Exemplo: eu gosto de música. Nessa frase em português, você está expressando seu gosto por um tópico/tema, que poderia ter sido facilmente substituído por esportes ou culinária, por exemplo. Sendo assim, é possível uma tradução como "I like music". Porém, quando queremos ser específicos e falar de canções, ou seja, obras musicais específicas, não utilizamos a palavra music, e sim a palavra song.

O segundo erro está na omissão da palavra "to". Nessa frase, você está escutando/ouvindo algo, portanto precisa da preposição "to" para fazer a ligação entre o que você está fazendo (listening) e o que está sendo alvo dessa sua atividade (this ~~music~~ song). Sendo assim, a correção final fica: I like listening TO this song.

"I love listening this music"

Erros comuns dos nativos

Precisamos nos lembrar de que, assim como nós não falamos e tampouco podemos nos gabar de um português perfeito, os nativos cometem alguns erros que você precisa conhecer. Conhecendo esses erros você saberá filtrá-los e poderá se sentir ainda mais confiante no inglês, pois dominar os erros básicos que brasileiros cometem é um bom patamar, mas identificar erros cometidos por nativos de outro idioma é um patamar ainda maior.

Should have gone × Should have went

Ok, confesso que, de todos os erros, esse é provavelmente o pior. Why? No decorrer deste livro você aprende a usar o past participle. Antes de sair correndo de medo desse nome, deixe-me explicar em poucas palavras.

O past participle é quando colocamos o verbo em uma "categoria" de passado diferente do passado simples. Em inglês, o verbo no passado é BEM mais simples que no português, e só existem duas possibilidades de utilizar o verbo. Vamos ver o verbo "to go"?

PRESENTE	PASSADO SIMPLES	PASSADO PARTICÍPIO
GO	WENT	GONE

Neste livro você também aprende que o formato **correto** é:

✓ I **went** to the mall yesterday.

ou

✓ I **have gone** to the mall.

> Ao dizer "should have went", o nativo está misturando o formato de uma frase com o verbo de outra, que é totalmente errado. Esse erro você encontrará em várias frases com verbos diferentes, como:
>
> ✗ I **should have went** with her to the cinema.
> ✓ I **should have gone** with her to the cinema.
>
> ✗ They **could have went** to see her perform.
> ✓ They **could have gone** to see her perform.
>
> ✗ We **would have went** if we had the time.
> ✓ We **would have gone** if we had the time.

Corrija as frases, se necessário:

1. They should have went yesterday.

____

2. George should have gone yesterday.

____

3. We could have went with them.

____

Confira as respostas ao final do livro.

Could have/Should have/Would have × Could of/Should of/Would of

Esse erro é muito parecido com o clássico e muito incorreto "should have went". Esse erro, porém, tem raízes no fato de a pronúncia do dia a dia desses trechos soar realmente igual.

Veja bem, enquanto você pronuncia "**could have**", com todo cuidado para pronunciar cada sílaba bem claramente, os nativos pronunciam a palavra "have" dentro desse contexto como "of" — pronunciando a letra "f" como se fosse "v": "Could ov".

O resultado é bem ruim quando a pessoa pega essa pronúncia e passa para o papel (ou qualquer tela digital), pois "**could of**", "**should of**" e "**would of**" não fazem sentido algum. O correto é "**could have**", "**should have**" e "**would have**". Sinta-se à vontade para pronunciar o have como "ov" nesses casos, mas nunca, pelo amor de tudo que há de mais belo nesse mundo, utilize "**could of**" e seus parceiros na hora de escrever!

✗ I **could of** eaten a lot more.
✓ I **could have** eaten a lot more.

Corrija as frases, se necessário.

1. I would have talked to him if he would of been here.
2. They could of taken the leftover pizza with them.
3. She should have done her homework.
4. The kids should of played outside.

Confira as respostas ao final do livro.

It's × Its

Essa é fácil, e você não confundirá mais.

It's: It is OU It has

Its: Pertencente a um animal ou objeto/lugar.

Exemplos:

✗ **Its** not every day you see a rainbow.
✓ **It's** not every day you see a rainbow! (It is)

✗ He looks so much taller today, **its** got to be his shoes.
✓ He looks so much taller today, **it's** got to be his shoes. (It has)

✗ The dog chewed on **it's** bone.
✓ The dog chewed on **its** bone.

Explique o motivo de essa frase estar incorreta:
"Its the first time I do this".

Confira a resposta no final do livro.

Your × You're

Quando contraímos as palavras, é comum gerarmos muitos erros. Essas duas palavras têm a pronúncia 100% igual. A diferença é que "**your**" é "teu/tua" (estritamente para tu ou você), e "**you're**" quer dizer "você é", pois é justamente a contração de "you + are".

Note que eu citei que "**your**" é "teu/tua", e não "seu/sua". Fiz isso propositalmente. Em português utilizamos as palavras "seu" ou "sua" querendo dizer "que pertence a você" ou "que pertence a ele ou ela". Exemplo: Eduardo limpou seu carro antes de sair ao médico. Eloisa disse à sua mãe que voltaria mais tarde.

"**Your**", porém, não pode ser usado para terceiros, como nos exemplos anteriores, e sempre está ligado a algo que pertence a "you", que significa "você", e não uma outra pessoa.

Exemplos:

✗ **You're** car looks amazing when it's clean.
✓ **Your** car looks amazing when it's clean.

✗ **Your** the fastest student in the class!
✓ **You're** the fastest student in the class!

Explique a diferença entre "your" e "you're" com suas próprias palavras.

Confira a resposta no final do livro.

They're × Their × There

A pronúncia dessas três palavrinhas é exatamente igual.

Por aprender o inglês falado na infância, muito antes de aprender a escrever, nativos do idioma acabam se confundindo na hora de escrever cada uma delas, as quais têm significados distintos.

They're: Contração de "they + are"

Their: deles/delas

There: lá/ali [**There is**: existe/**There are:** existem]

Exemplos:

✓ You can see the elephant right **there**, behind the bush.

✗ **There** story was completely different from the truth.
✓ **Their** story was completely different from the truth.

✗ **Their** way more interested in chatting than studying.
✓ **They're** way more interested in chatting than studying.

Identifique a frase incorreta e aponte o motivo.

❑ There is a table in that room.

❑ There dog was nice and fluffy.

❑ It was their turn to play.

Confira a resposta no final do livro.

Accept × Except

"**Accept**" significa "aceitar" e é um verbo. "**Except**" se traduz como "exceto" no sentido de "com exceção de".

Exemplos:

✗ Just **except** the fact that he is not here.
✓ Just **accept** the fact that he is not here.

✗ I like everything on this dish, **accept** for onions.
✓ I like everything on this dish, **except** for onions.

Reescreva as frases corretamente:

1. She cannot except what you're telling her.

____

2. I like going to the park, accept when it is snowing.

____

Confira as respostas no final do livro.

Regardless × Irregardless

Ok, não deixe ninguém te enrolar: a palavra **irregardless** simplesmente **NÃO** existe! Não importa quão estudada seja a pessoa que estiver falando, tenha a certeza de que é um erro. Agora, a palavra "**regardless**" quer dizer "independentemente". Simples assim!

✗ **Irregardless** of what she will say, I will not change my mind!
✓ **Regardless** of what she will say, I will not change my mind!

Em que momento utilizamos a palavra "irregardless"?

Confira a resposta no final do livro.

Double negative

Em português você provavelmente já disse "eu não preciso de nada". Em inglês, além de soar feio, é incorreto usar estas duas formas negativas "I don't need nothing". O correto seria "I need nothing", ou o mais comum "I don't need anything". Isso se aplica a outras palavras como "nowhere", "no one", "nobody" etc.

Exemplos:

✗ I **don't** know **nothing**.
✓ I **don't** know **anything**.

✗ There **isn't nobody** here.
✓ There **isn't anybody** here.

✓ I can't **find** my wallet **anywhere**.
✗ I **can't** find my wallet **nowhere**.

Then × Than

A palavra "**then**" com "e" significa "então" ou "em seguida". Já a palavra "**than**" com "a" é usada quando queremos comparar duas coisas. Vamos usar estas frases como exemplo: "I am taller than she is". "He drove faster than we did."

Portanto, fique ligado para não confundir a grafia dessas palavras, já que, principalmente no sotaque americano, as duas palavras têm uma pronúncia muito próxima.

Exemplos:

✗ I can paint better **then** my kids because I am older.
✓ I can paint better **than** my kids because I am older.

✗ **Than**, he took his knife and cut the cake.
✓ **Then**, he took his knife and cut the cake.

Complete com "than" ou "then".

1. I like chocolate more ______ fruit.
2. We shower, ______ go to work.
3. We are happier today ______ yesterday.

Confira as respostas no final do livro.

Curiosidades e dicas rápidas

1. **O "B" mudo**
   Leia estas palavras em voz alta: climb, debt, subtle, doubt, lamb. Se você pronunciou a letra "b" em qualquer uma dessas palavras, você está perto, mas ainda não acertou em cheio a pronúncia correta. Consegue identificar o que é padrão nessas palavras? Observe bem, as palavras dessa lista apresentam uma das duas características: o "b" vem antes da letra "t" ou imediatamente após a letra "m". Na verdade, no inglês antigo, o "b" era pronunciado normalmente. A mudança veio por volta do ano 1300, com a modernização do inglês e provavelmente devido ao fato de essas palavras "fluirem" melhor (exigirem menos esforço). Atenção! Para dizer que uma letra é muda em inglês, dizemos "silent letter", e não "mute letter".[1]

[1] THE GUARDIAN. **Semantic Enigmas.** Disponível em: <https://www.theguardian.com/notesandqueries/query/0,,-1417,00.html> Acesso em: 22 de fevereiro de 2017

2. **O "K" mudo**
Ok, agora que você já sabe onde quero chegar, leia em voz alta estas palavras: knock, know, knight, knife. Se você não pronunciou a letra "k" em nenhuma dessas palavras, parabéns, você está no caminho certo. A característica aqui é que o "k" é imediatamente seguido pela letra "n", que passa a ser a primeira letra pronunciada.

3. **O "G" mudo**
Assim como as letras "b" e "k" mudas, algumas palavras têm o "g" não pronunciado. Não se preocupe, essas palavras são poucas, e algumas são um pouco raras. Aqui vai uma pequena lista: foreigner, sign, gnome, campaign.

Do × make

Ambas as palavras, "do" e "make", significam "fazer". Como é um conceito muito utilizado em ambas as línguas, como saber quando usar um ou outro? Não há uma forma infalível, pois existem algumas exceções. No geral, "do" é utilizado quando fazemos uma atividade sem um produto final, e "make" é usado quando produzimos/criamos algo. É um bom guia, mas vamos dar uma olhada em alguns exemplos.

EXPRESSÃO	TRADUÇÃO	EXEMPLO
Make the bed	Fazer a cama	Gabriel, please make your bed every day, not just on weekends.
Make a meal	Fazer uma refeição	Linda made a wonderful meal for thirty people.
Make money	Fazer dinheiro	Making money is harder for some and easier for others.
Make a (phone) call	Fazer uma ligação	I need to make a phone call, but I don't have the right number.
Make a comment	Fazer um comentário	I think it's appropriate to make an honest comment about your work.
Make a plan	Fazer um plano	Making plans is sometimes the best part of the journey.

EXPRESSÃO	TRADUÇÃO	EXEMPLO
Make a mistake	Cometer um erro	It's perfectly OK to make mistakes when you are learning a new language.
Make a difference	Fazer a diferença	We can all make a difference in the world by being good citizens.
Make a list	Fazer uma lista	They are making a shopping list for the party.
Make a promise	Fazer uma promessa	If you make a promise, people expect you to keep it.
Make a decision	Tomar uma decisão	Hank made the decision to move to California last year.
Make a mess	Fazer uma bagunça	Julia is making a mess trying to eat that bowl of ice-cream.
Make an excuse	Inventar uma desculpa	Helen always makes excuses for being late.
Do the laundry	Lavar/secar as roupas	Tony didn't do the laundry for a while and the pile of clothes became very large.
Do the right thing	Fazer a coisa certa	It's not always easy to do the right thing.
Do the homework	Fazer a lição de casa	Jenny needs to do approximately one hour of homework tonight.
Do a favor	Fazer um favor	Could you please do me a favor and take the garbage out?
Do your best	Fazer seu melhor	If you always do your best when studying, you will learn more than you can imagine.
Do good	Fazer o bem	If you do good, other people will want to be around you.
Do harm	Fazer mal	Doing harm to your own body by smoking is not smart.
Do your hair	Fazer um penteado	Most women do their hair before an important event.
Do work	Fazer trabalho	You must do work to a professional standard.
Do business	Fazer negócios	Businessmen from Brazil and China often do business together.
Do exercises	Fazer exercícios	My grandma loves doing those exercises in the swimming pool.

Escolha do ou make para as seguintes frases.

1. The exercises we have to __________ are: adding and flipping.
2. She likes to ________ comments about everything in her area.
3. To ________ money is easier when you have the right attitude.
4. He was scared to __________ a mistake when riding his bike for the first time.
5. Please ___________ a list of all the people in this room.
6. Sometimes he needs to ___________ work around the house to help his wife.
7. It's a good idea to _________ a plan before travelling.
8. To ________ business, you need to be a good listener.
9. Ed ________ his bed every morning.
10. Homework is something most children have to __________, whether they like it or not.
11. You always ask me to ____________ so many favors.
12. Children usually __________ a mess when playing in the sand.
13. In sports, only those who __________ their best win.
14. Before you ________ a decision, it's good to think well.

Confira as respostas no final do livro.

I have years

Quando tratamos de idade, jamais utilizamos a lógica em português do "Eu tenho ________ anos". Na visão da língua inglesa, você não tem os anos de vida que se passaram, com uma exceção, que explicarei logo, logo. O comum é dizer "Eu sou _______ anos velho". Soa super estranho, eu sei, mas a língua inglesa expressa quão velho você é, em vez dessa ideia de possessão de anos passados. Fica "I am _________ years old" ou simplesmente "I am _________". A exceção que citei é também uma ótima dica! Caso você já tenha começado a dizer "I have..." você pode complementar com "__________ years of age" (__________ anos de idade). Esse formato é aceito e gramaticalmente correto, mas, como é menos comum, preferimos ensinar o "I am __________ years old" como prioridade.

Frases com ordem invertida

As frases em inglês seguem quase que religiosamente uma estrutura bem simples de atores + verbo + complemento. Informalmente, em português, usamos estruturas um pouco mais flexíveis, que, por serem raras em inglês, devem ser evitadas, para não parecer que não dominamos a língua.

Exemplos:

Foi humilhante perder para eles.	Losing to them was humiliating.
É verdade o que eu disse para ela.	What I said to her is true.
O bolo eu preparei ontem.	I made the cake yesterday.

Podemos ver que as frases na nossa língua materna soam naturais, mesmo quando o sujeito (ator) não está no início da frase. Se essas frases tivessem sido utilizadas com a mesma estrutura no inglês, soariam estranhas, independentemente de estarem ou não gramaticalmente corretas. Lembre-se de que nosso alvo é fazer com que você aprenda um inglês não somente correto, mas, acima de tudo, usável e aceito nas conversas modernas. Muitos livros antigos ainda têm vocabulário ultrapassado, então não recomendamos utilizar fontes mais antigas, não somente de material didático, mas até de literatura. A literatura clássica terá uma riqueza enorme tanto em narrativa quanto em estrutura, mas ajudará pouco no quesito de lhe passar confiança para falar. Trazendo para um assunto que você conhece bem, imagine que um garoto de 19 anos, vindo do exterior, só tivesse lido os clássicos de nossa literatura, como José de Alencar e Machado de Assis, e chegasse ao Brasil com o vocabulário que aprendeu nesses livros. Complicado? Que bom que concordamos. Ao mesmo tempo, se esse mesmo garoto tivesse aprendido o português moderno e ainda por cima tivesse lido grandes obras literárias, sua habilidade seria muito mais profunda. Sugiro que você faça o mesmo com seus estudos particulares em qualquer idioma. Utilize materiais simples para aprender o máximo possível, e só depois de uma excelente base parta para algo mais complexo.

Siglas

Algumas siglas em inglês são usadas com tanta frequência que chegam a ser tão importantes quanto palavras normais. Em inglês, siglas são chamadas de *acronyms*. Vamos conhecer alguns deles:

SIGLA	POR EXTENSO	TRADUÇÃO
ASAP	As Soon As Possible	O mais rápido possível
BRB	Be Right Back	Volto já
OMG	Oh My God	Oh, meu Deus
IDK	I Don't Know	Eu não sei
PM	Private Message	Mensagem privada
USA	United States of America	Estados Unidos da América
UK	United Kingdom	Reino Unido
LOL	Laugh Out Loud	Rir em voz alta
ROFL	Rolling On The Floor Laughing	Rolando no chão de rir
BF/GF	Boyfriend/Girlfriend	Namorado/Namorada
BFF	Best Friends Forever	Melhores amigos para sempre
ADD	Attention Deficit Disorder	Transtorno de déficit de atenção
FYI	For Your Information	Pra você saber
DOB	Date Of Birth	Data de nascimento
UFO	Unidentified Flying Object	OVNI

Continua

Continuação

SIGLA	POR EXTENSO	TRADUÇÃO
FYEO	For Your Eyes Only	Para seus olhos apenas
NSFW	Not Safe For Work	Não seguro para o trabalho/serviço
FAO	For the Attention Of	Aos cuidados de
BTW	By The Way	A propósito
ATM	Automatic Teller Machine	Caixa eletrônico

Transforme estas frases com siglas em palavras por extenso.

1. They saw a bright UFO in the middle of the night.

2. My child was recently diagnosed with ADD.

3. In the UK, people have different accents if compared to the USA.

4. Could you please deliver this package to Amy ASAP?

5. Send me a PM and I will get back to you soon.

6. FYI, I left some milk for you in the fridge.

7. He was ROFL when his GF told him that joke.

8. Please put in your name, address and DOB on this form.

9. BTW, don't touch that, I will BRB.

10. The letter said: FAO Susy Oldman.

11. IDK if I will be going on holiday this year.

12. My daughter thinks I'm an ATM!

Confira as respostas no final do livro.

Abreviações

Muitos termos provenientes do latim e de outras línguas estrangeiras passaram a ser utilizados em inglês por meio de abreviações, talvez pela dificuldade de pronunciá-los no idioma original ou por serem termos que aparecem mais na escrita do que na fala do dia a dia.

Vejamos algumas abreviações:

ABREVIAÇÃO	POR EXTENSO	TRADUÇÃO
Txt	Text	Mensagem de texto/SMS
Ave	Avenue	Avenida
St	Street	Rua
Sq	Square	Quadrado ou praça
K	Thousand	Mil
Dr	Doctor	Doutor/Doutora
Am	Ante-meridian	Antes do meio-dia
Pm	Post-meridian	Após o meio-dia
Oz	Ouce	Onça (peso)
Lb	Pound	Libra (peso)
Mr	Mister	Senhor
St	Saint	Santo/Santa/São
p.a.	Per anum	Por ano
E.g.	Exempli gratia	Exemplo

Mude as frases para conter abreviações.

1. She lived on Hatham Avenue.

2. Doctor Janet Oliver was having a difficult day.

3. If you turn right and walk for 300 meters, you will find Time Square.

4. Is 9 in the evening too late to go to dinner?

5. Nick worked hard to get a job that paid 150 thousand per annum.

6. Mister Rogers knows a lot about investing in stocks.

7. I bought 7 pounds of fresh fish for tonight!

8. He needed 14 ounces of milk for the recipe.

9. She lives near Saint James' park.

10. Jubilee Street was filled with people.

Confira as respostas no final do livro.

Adjetivos

Adjetivos em inglês sempre são usados antes dos substantivos que estão qualificando. Em vez de falarmos com a estrutura "A casa amarela", dizemos "The yellow house", ou seja, a amarela casa. Mas é sempre assim, Fabiana? Em 99% das vezes, sim. Existem alguns casos em que a pessoa utiliza a ordem inversa para escrever uma música ou poema, o que chamamos de licença poética. A licença poética é uma desculpa que damos para assassinar as regras gramaticais de um idioma em prol da musicalidade ou estética. Isso também ocorre no português, no italiano e em várias outras línguas.

Coloque estes adjetivos na ordem correta.

1. GREAT/We had a day.

___

2. BLUE/The ball rolled downhill.

___

3. FAST/That is a car.

___

4. FAT/The dog is mine.

___

5. HOT/The water is in the cup.

____

6. SMALL/The key is in my hand.

____

Confira as respostas no final do livro.

Can I have an information?

Na língua inglesa, algumas palavras nunca estão no plural, permanecendo iguais se você está querendo expressar uma pequeníssima quantidade ou uma quantidade gigantesca. Chamamos essas palavras de não contáveis (non-countable). Mas repare que, na lista a seguir, as palavras não foram escolhidas aleatoriamente. Elas simplesmente expressam objetos, conceitos e recursos que realmente não são possíveis de serem contados pela perspectiva linguística anglo-saxônica. E sendo impossível de contá-los em unidades distintas, é impossível colocá-los no plural. Vou logo avisando que, do ponto de vista da língua portuguesa, muitas dessas palavras são consideradas contáveis, por isso a confusão com certas palavras. Então vamos começar com uma palavra com a qual podemos concordar. Arroz. Qual foi a última vez que você virou para alguém lhe servindo e pediu "arrozes"? Nunca? Nem eu. O arroz tem grãos tão pequenos que consideramos uma massa, e preferimos expressar massas em gramas, quilos ou quantidades não específicas, como "um pouco" e "bastante".

Lista parcial de non-countables

CATEGORY	WORD	TRANSLATION
Groups of items	Furniture	Móvel
	Baggage	Bagagem

Continua

Continuação

CATEGORY	WORD	TRANSLATION
Food	Oil	Óleo
	Milk	Leite
	Bread	Pão
	Butter	Manteiga
	Salt	Sal
	Sugar	Açúcar
	Meat	Carne
	Homework	Lição de casa
	Housework	Afazeres da casa
Concepts	Information	Informação
	Advice	Conselho
	Vocabulary	Vocabulário
Non-physical items	Software	Software
	Music	Música
	Magic	Mágica
Resources	Money	Dinheiro
	Time	Tempo
Elements	Air	Ar
	Earth	Terra
	Water	Água
Materials	Cotton	Algodão
	Chalk	Giz
	Concrete	Concreto
	Wool	Lã

CATEGORY	WORD	TRANSLATION
Natural phenomena	Rain	Chuva
	Wind	Vento
	Sunshine	Raio de sol
	Snow	Neve
	Electricity	Eletricidade

É fácil de entender por que alguns desses substantivos são considerados uma "massa", como "manteiga" e "lã". Outros são mais polêmicos, como "móvel" e "dinheiro". Móvel é considerado uma unidade quando identificamos o móvel especificamente. Um guarda-roupa é contável. A palavra *furniture*, porém, retrata uma categoria completa, generalizando todos os objetos que se encaixam nessa categoria. Já no caso do dinheiro, assim como o tempo, precisamos lembrar que o conceito "não contável" é linguístico, e não queremos literalmente dizer que "dinheiro e tempo não se contam". Ambos os recursos são contáveis em unidades alternativas, como dólares, euros, reais, ou segundos, minutos e horas. O que não é cabível, nem em inglês e nem em português, é utilizar estruturas do tipo "Ela tem dois dinheiros" ou "Eles utilizaram três tempos". Por esse motivo, são considerados não contáveis.

Para os itens que podem ser subdivididos em unidades de peso, medida, intensidade etc., é fácil você se expressar. Mas e quando queremos dizer "Tenho três móveis lá em casa os quais gostaria de vender"? Apresento-lhe a belíssima estrutura "a piece of", com a tradução literal de "um pedaço de". "A piece of furniture" significa um móvel. E agora temos algo interessante, pois pieces, pedaços, são contáveis! Dessa forma, você pode dizer "two pieces of furniture", "a piece of advice", "three pieces of information" etc. There you go!

E quando queremos dizer "um tanto de...", "um pouco de..."? Ok, para expressar uma porção mediana de uma massa utilizamos a palavra "some". Todas as palavras não contáveis podem ser utilizadas com "some": some milk, some sugar, some time, e por aí vai. Quando queremos dizer "um pouquinho de...", significando uma quantidade pequena, podemos utilizar "a little" ou "a little bit of". Ambas as expressões são exatamente iguais em significado e uso. Exemplos: "I like a little sugar in my tea/I like a little bit of sugar in my tea". Já para porções grandes, usamos "a lot of", ou até o mais informal "a ton of", traduzido como "uma tonelada de". Exemplos: "I have a lot of time to waste/I have a ton of time to waste". Em teoria, a palavra "much" também poderia ser usada nesse caso, porém é raríssimo ver o "much" para expressar quantidades nesse sentido.

É um mistério do universo, mas ao adquirir mais e mais intimidade com a língua inglesa, você pode reparar que o "much" é bastante utilizado em ocasiões negativas, interrogativas e comparativas. Para as positivas, nativos tendem a dar preferência às expressões aqui citadas.

Exemplos:

I have much time to waste. → **Incomum; correto**

I don't have much time to waste. → **Comum; correto**

Do I have much time to waste? → **Comum; correto**

I have much more time to waste today than yesterday. → **Comum; correto**

Se alguma alma viva tiver uma explicação plausível para o porquê desse fenômeno, por favor, me escreva!

É por esse e outros mistérios que bato sempre na tecla de você se basear na língua-alvo para aprender não somente regras soltas que o permitam entender a língua, mas também exemplos de frases que sejam utilizadas na vida real para que você possa se comunicar bem. Do que nos adianta entender o significado do much sem saber quando utilizá-lo? É como aprender a falar um português correto, porém cheio de estruturas que ninguém usa há mais de 200 anos. Tenho certeza de que seu sonho é aprender o inglês falado neste século, não é mesmo?

Corrija as frases, se necessário, com "some" para quantias indefinidas ou "pieces of" para unidades.

1. Elisha had three furnitures which he needed to sell.

2. We drank a milk in the morning.

3. I felt an electricity running through my body.

4. Can you please give me an information?

5. I need a professional advice.

6. Kids love to put some butter on bread.

7. There was a snow on the car in the morning.

8. I like to listen to some music in the car.

9. I created a software that makes me work faster.

10. Could I have some bread, please?

Confira as respostas no final do livro.

Phrasal verbs

Imagine a seguinte cena: você está sentado, como de costume, na sala de aula de sua escola de inglês. O professor então apresenta um tema que te deixa intrigado e talvez um pouco confuso. Ele vai até a lousa e escreve as seguintes palavras: phrasal verbs. Você levanta uma sobrancelha e observa aquele nome. Phrasal verbs. Seja lá o que for, parece ser bem complicado. A aula inteira passa, e no final dela você percebe que suas suspeitas estavam certas: no assunto phrasal verbs você mais "boiou" do que entendeu.

Na aula seguinte o professor volta a tocar no assunto, faz rodeios, explica e explica e... você segue sem entender. E quando a segunda aula acaba, você já está com um conceito pronto: phrasal verbs é um bicho de sete cabeças. E por mais que você tente se esquivar, lá estão seus novos amiguinhos para atrapalhar sua vida. Seja naquele filme que você foi assistir sábado passado, na sua música preferida, na revista importada que você folheou na loja. Em todos os lugares, lá estão os benditos phrasal verbs.

Já na terceira aula, um colega toma coragem, levanta a mão e resolve perguntar ao professor.

"Mas como se aprende phrasal verbs de verdade?"

A sala escurece.

Como um vilão em um filme de terror, o professor esfrega as mãos uma na outra, percorre os alunos com um olhar maléfico e diz em voz alta:

"Vocês vão ter que... DECORAR!" E ao dizer a última palavra, um relâmpago surge lá fora, seguido de um trovão amedrontador.

O professor então solta uma gargalhada fatal que vai subindo em volume até você sair da sala de aula apavorado, mais branco que perna de gringo.

Ok, confesso ter exagerado um pouco. Espero que você nunca tenha passado pela situação descrita, senão eu recomendaria a você sair de sua escola imediatamente.

Na realidade, essa história, ainda que um tanto dramática e satírica, não deixa de ser verdade para muitos que ainda acreditam que phrasal verbs só vai passar a fazer parte de seu vocabulário se eles decorarem uma lista gigantesca. Mas sinceramente... as coisas não funcionam assim.

Existem alguns fatores *essenciais* para novas palavras ou expressões fazerem parte do seu vocabulário, e eu te garanto que "decoreba" não é, nem de longe, o método mais eficaz de aprender qualquer coisa relacionada a línguas. Se você estuda inglês, já viu, está vendo ou verá phrasal verbs como matéria em seu curso. E mesmo se você estuda inglês por conta própria, existem coisas que você não conseguirá entender de primeira, e muitas vezes são eles mesmos os responsáveis: os phrasal verbs. O fato real é que **é extremamente necessário saber phrasal verbs para aprender falar inglês.**

Não há escapatória, phrasal verbs é parte essencial do idioma, e cedo ou tarde você terá que aprendê-los. Mas o processo não deveria ser doloroso.

Mas, afinal, o que são phrasal verbs? Simplesmente são verbos (ações) mais uma partícula (normalmente uma preposição). Essas partículas podem ser: to, for, up, down, through, with, entre outras. A confusão começa quando um verbo tem um significado "X" quando usado sozinho e um significado XY quando adicionamos a bendita partícula. Exemplo: *"blow"* significa assoprar, já *"blow up"* significa explodir.

Nouns and adjectives

Alguns phrasal verbs se transformam em substantivos (objetos, conceitos etc.) e adjetivos (qualidades descritivas). Quando isso ocorre, a palavra é escrita como uma só ou com hífen. Veja alguns exemplos:

PALAVRA	TRADUÇÃO	EXEMPLO
Blackout	Blackout/Interrupção de energia elétrica	There was a blackout in Chicago three days ago and we couldn't see anything in the dark.
Checkout	Caixa de supermercado/loja	The checkouts are always full of people on the weekends.
Check-up	Check-up (verificação médica, estrutural etc.)	My dad went to the hospital, but it was only for his annual check-up.
Grown-up	Adulto	Grown-ups are usually very busy with work.
Breakup	Ruptura de relacionamento	Mandy and Junior had a very public breakup and they are both sad about it.
Breakdown	Colapso nervoso	My work colleague had a nervous breakdown after ten very stressful years as a lawyer.
Add-on	Item adicional	I bought a computer for $1000, but the add-ons cost me another $300!
Get-together	Reunião informal	My friends and I had a get-together for my birthday last week.
Make-up	Maquiagem	She loves to buy expensive make-up and make videos on the internet.
Dropout	Alguém que tenha desistido de um curso ou carreira	Richard Branson is a high school dropout who made billions of dollars in business.
Take-off	Decolagem	Some people feel nervous during take-off.
Rip-off	Exploração / Demasiadamente caro	150 dollars for that perfume? That's a rip-off!

Lembrando que alguns dos phrasal verbs da tabela podem ser utilizados em sentidos completamente diferente dos aqui exemplificados. O importante não é tentar aprender todos os significados de uma vez, mas, sim, inserir esse vocabulário aos poucos em seu repertório.

Phrasal verbs com UP

Antes de mais nada, vamos ver o que a palavra "up" significa por si só. "Up", como você já sabe, significa "para cima". Ao observar os exemplos a seguir você verá que muitos phrasal verbs se baseiam nessa ideia de algo que está incompleto e precisa ser terminado, melhorado ou ativado.

PHRASAL VERB	TRADUÇÃO	EXEMPLO
Blow up	Explodir	The terrorist tried to blow up the entire bus.
Eat up	Comer por completo	Before getting up from the table, you must eat up!
Wrap up	Terminar, embrulhar	Let's wrap up this meeting with a plan for this week.
Brush up	Melhorar, desempoeirar figurativamente	I need to brush up on my Mandarin skills before I go to China.
Grow up	Crescer	She will grow up with lots of love and care.
Wake up	Acordar	I need to wake up earlier tomorrow to catch a plane.
Take up	Iniciar um hábito	Liam took up karate when he was only four years of age.
Bring up	Citar	Bringing up her ex-boyfriend usually ends badly.
Build up	Construir ou acumular	I am building up a lot of credit with him because I will need him later.
Brighten up	Tornar mais alegre	This room is dark, but we can brighten it up with a new window and some white paint.
Boot up	Iniciar uma máquina	My computer froze, so I had to boot it up again.
Clear up	Esclarecer	I need to clear up some points in this lesson because you look confused.

PHRASAL VERB	TRADUÇÃO	EXEMPLO
Mess up	Estragar	We were going to throw a surprise party, but Judy messed it up!
Pop up	Aparecer repentinamente	The rabbit popped up through the bush, then ran away.
Own up	Assumir	I made a mistake and I will own up to it.
Spice up	Apimentar, tornar mais interessante	I like the book, but if you spice up some parts of it people will find it more interesting.
Speak up	Falar mais alto	You are very quiet, if you don't speak up I won't be able to hear you.

Phrasal verbs com DOWN

Assim como a partícula "up", devemos ver o que a partícula "down" quer dizer por si só. "Down" significa "para baixo", então muitos dos phrasal verbs com "down" virão com essa ideia de diminuição, imposição, etc. Confira os exemplos:

PHRASAL VERB	TRADUÇÃO	EXEMPLO
Cut down	Diminuir	I need to cut down my spending on clothes.
Bring down	Diminuir	We brought down the price of this product this week.
Chop down	Cortar	He is chopping down the tree because he needs the wood to make a fire.
Break down	Quebrar	The car broke down in the highway at night.
Close down	Fechar definitivamente	They closed down the supermarket after losing a lot of money.
Tear down	Destruir	This is a very old building, we will have to tear it down.
Calm down	Acalmar-se	Jack needs to calm down when he watches sports; he gets very nervous.

Continua

Continuação

PHRASAL VERB	TRADUÇÃO	EXEMPLO
Knock down	Derrubar	He was knocked down with a punch to the face.
Slow down	Diminuir velocidade	Slow down! This is a school area.
Die down	Tornar-se mais quieto	There was a protest earlier, but it has died down in the last hour.
Settle down	Aquietar-se e firmar um relacionamento sério	Most men don't settle down until they're 25 or older nowadays.
Stand down	Renunciar	After the scandal became public, he decided to stand down.

Phrasal verbs com IN

Analisando a partícula "in", o que você pode concluir sobre seu significado? Como "in" significa "dentro", muitos desses phrasal verbs apresentam um sentido de adição, colaboração etc.

PHRASAL VERB	TRADUÇÃO	EXEMPLO
Check in	Ingressar/ Confirmar presença	I checked in at the hotel and went up to my room.
Fit in	Sentir-se aceito	Susan felt like she didn't fit in when she was younger.
Chip in	Ajudar em uma "vaquinha"	I chipped in to help George buy a new car.
Dig in	Mergulhar fundo	Here's all the food - dig in!
Phase in	Introduzir um conceito lentamente	They phased in the new benefits little by little over 12 months.
Break in	Adentrar sem permissão, normalmente para cometer roubo	He broke into the house but was caught in the act and sent to jail.

PHRASAL VERB	TRADUÇÃO	EXEMPLO
Drop in	Aparecer em um local sem aviso prévio	He dropped in at the school after 10 years just to say "hello".
Fill in	Preencher	I need to fill in this application form for a new job.
Sign in	Entrar com login	I can't sign in, I forgot my password.
Take in	Aceitar/Entender	Who was speaking so fast, it was hard to take it all in.

Phrasal verbs com OUT

A partícula "out", normalmente com o significado de "fora" ou "para fora", é um pouco mais complexa. Vemos que os exemplos aqui têm sentidos um pouco distintos, como esgotar, revelar e descobrir. A noção de maximizar e chegar até o limite normalmente é demonstrada por essa partícula.

PHRASAL VERB	TRADUÇÃO	EXEMPLO
Bail out	Pagar a fiança/ Libertar	Jeff had to bail his brother out of prison.
Sell out	Vender por completo/ Esgotar	I wanted to buy a new phone, but the store had sold out.
Come out	Sair/Revelar-se	He came out from the restaurant a lot happier.
Check out	Confirmar saída/Encarar	I checked out of the factory where I work 5 minutes early.
Find out	Descobrir	I will find out who is calling me so late at night.
Hang out	Passar tempo com	Teenagers hang out together after school.
Phase out	Retirar um conceito lentamente	This old software will have to be phased out as we start using the new one.

Continua

Continuação

PHRASAL VERB	TRADUÇÃO	EXEMPLO
Figure out	Desvendar	We need to figure out how to do this calculation correctly.
Head out	Sair, ir em direção à saída	He headed out 5 minutes ago; if you run you'll catch him.
Call out	Chamar a atenção	He called out the player who wasn't working hard enough.
Clock out	Bater o ponto de saída	Before you clock out, don't forget to count the stock.
Chill out	Descansar	After a long week, I like to chill out by the pool.
Iron out	Passar o ferro para tirar as dobras	We need to iron out some wrinkles on this shirt for the wedding.
Help out	Ajudar	Will someone please help out that child?
Keep out	Manter-se fora	The sign said "Keep out", so I didn't go through the gate.
Pick out	Escolher	I need to pick out a dress for that party on Saturday.
Sign out	Sair de uma conta online	I forgot to sign out of my on-line bank account.

Phrasal verbs com THROUGH

"Through" normalmente dá um significado de travessia tanto por situações e ideias abstratas como por objetos tangíveis. Confira os exemplos:

PHRASAL VERB	TRADUÇÃO	EXEMPLO
Come through	Ser aceito	The bank finally came through with a mortgage for my first home.
Go through	Passar por situação	Barry is going through a very difficult divorce with Helen.

Get through	Fazer-se entendido	It's easy to get through to someone when they speak your language.
Follow through	Honrar um compromisso	I will follow through with my commitment to go to the gym five times a week.
Break through	Quebrar uma barreira	He studied day and night and broke through everyone's expectations.
Think through	Pensar com calma	He asked me to marry him, but I need some time to think it through.
Breeze through	Fazer com facilidade e rapidez	I breezed through the Math test in half the expected time.

Phrasal verbs com AWAY

Já no caso do uso da partícula "away", na maioria dos casos vemos uma noção de afastar, ir para longe, tanto no campo tangível como intangível.

PHRASAL VERB	TRADUÇÃO	EXEMPLO
Get away with	Safar-se	I cannot believe he got away with the theft.
Fly away	Voar para longe	The bird flew away quickly after eating some bread crumbs.
Go away	Afastar-se	Go away, I am still getting dressed!
Give away	Doar/Deixar transparecer	There was a surprise birthday party, but he gave it away accidentally.
Take away	Retirar	He will take away the biscuit tray if we eat too many biscuits.
Fade away	Desaparecer lentamente	His joy faded away slowly as he became older and more ill.
Run away	Fugir	Don't try to run away from the police or you will get into trouble.

Phrasal verbs com AROUND

"Around" corriqueiramente significa "ao redor de". Nos phrasal verbs, "around" pode dar um sentido de "sem um propósito claro" ou "sem rumo". Observe os exemplos:

PHRASAL VERB	TRADUÇÃO	EXEMPLO
Turn around	Virar-se	The police officer asked the suspect to turn around slowly.
Ask around	Perguntar por aí	I don't know how to get there, I will have to ask around.
Lie around	Permanecer deitado sem propósito	I work very hard, so when I have some free time, I just lie around on the sofa.
Get around	Burlar	He always got around the law because his father was influential.
Joke around	Brincar, fazer piada	Please, don't take him seriously, he is joking around.

Phrasal verbs com OFF

"Off" é uma palavra que não é facilmente traduzida para o português por si só. Ela traz um sentido de "desligado" ou "retirado". Nos phrasal verbs, alguns sentidos podem estar ligeiramente interligados, como você pode conferir a seguir:

PHRASAL VERB	TRADUÇÃO	EXEMPLO
Take off	Tirar/Decolar	We take off our clothes before going into the shower.
Go off	Soar (alarme)	The alarm goes off thirty seconds after someone enters the house.
Call off	Cancelar	The meeting was called off because of the heavy snow.
Put off	Adiar	I will have to put off our meeting until next week.

PHRASAL VERB	TRADUÇÃO	EXEMPLO
Dust off	Desempoeirar	I don't enjoy dusting off the furniture, but it must be done.
Check off	Riscar um item de uma lista	I finally finished my essay for school, I will check that item off my list!
Fight off	Vencer algo que te domina	Helen needed to fight off the disease that was killing her.
Come off	Sair, sumir	Fake tatoos come off with soap and water.
Get off	Sair de um meio de transporte	He got off the bus quickly and almost fell.
Laugh off	Rir para diminuir a importância de uma situação	He laughed off the fact that he had forgotten his pen.
Rip off	Cobrar demasiadamente	The man tried to rip me off by saying the price was 10 dollars when it was actually 5.

Seria necessário um livro inteiro para montar uma lista completa de phrasal verbs, e, ainda assim, a aquisição desse vocabulário precisaria ser feita lentamente, treinando significados diferentes aos poucos, para não confundi-los. Por ora, sugiro a você treinar esses phrasal verbs aliados aos exercícios de Adding e Flipping como você já aprendeu. Um alerta! Nunca, em hipótese alguma, procure estudar uma expressão ou phrasal verb sem contexto. O que quero dizer com isso? Nunca pegue o phrasal verb e simplesmente o traduza, tentando inseri-lo em uma frase que você mesmo criou. Você precisa ver como e quando a expressão é utilizada, pois existem sutilezas que só se aprendem vendo muitos e muitos exemplos do uso real dessas expressões.

Veja alguns exemplos de textos que contêm phrasal verbs e por isso auxiliam no aprendizado:

Absurd inventions

Who doesn't like to eat? I can tell you I do! But some people are tremendously greedy and can **dig in** and **shove down** their whole meals before anyone else has even started! We **end up** getting fat. Why? Because we are eating too fast! You have to **slow down**, **sit back** and give your body a chance to digest the food. Eat slowly to eat less. With this in mind, I present to you: The Alarm Fork. After you put the fork inside your mouth, a red light **comes on**. That means "wait"! When the fork light **turns back** to green, then you can eat.

If you don't think this is enough and need a bit more discipline, don't worry because now we have the solution: The Anti-Eating Mouth Cage. It is exactly what you need to **keep away** all temptation! With this you can speak, breathe, but not eat! **What better way** to easily lose weight?!

Phrasal verbs

dig in: start to eat very quickly

shove down: push something down

end up: have something as a result

slow down: reduce speed

sit back: sit comfortably, relax

come on: appear

turn back: become something again

keep away: maintain distance

Expression

what better way...: is there any better way...?

Tradução

dig in: mergulhar fundo. Nesse caso, comer bastante

shove down: empurrar, enfiar para baixo

end up: ter algo como resultado

slow down: diminuir a velocidade, ir devagar

sit back: sentar confortavelmente, relaxar

come on: aparecer, surgir

turn back: tornar a ser algo novamente

keep away: manter distância

Expression

what better way...: existe jeito melhor...?

What women really mean

Men and women are very different creatures. While men have a tendency to be direct, women are not so simple. When trying to **find out** what she really means, you might get **mixed up** and understand something completely wrong! But don't **give up**, here is a short list of what women say and what they really mean.

"We need"

Means — I want.

"I'll be ready in a minute."

Means — **Kick off** your shoes and find a good game on TV.

"Was that the baby?"

Means — Why don't you **get out** of bed and try to make him sleep?

"I don't want to talk about it."

Means — **Go away**, I'm still **building up** steam. If you insist, you will **be sorry**!

"Do you love me?"

Means — I'm going to **ask for** something expensive.

Phrasal verbs

find out: discover

mix up: confuse

give up: stop trying

kick off: take off

get out: leave

go away: leave a place

build up: accumulate

ask for: request something

Tradução

find out: descobrir

mix up: confundir

give up: desistir

kick off: retirar com um chute

get out: sair

go away: se afastar

build up: acumular

ask for: pedir

ACTION TIME!

Selecione o phrasal verb correto para cada frase.

1. Ela adora comprar maquiagem cara.

a) She loves to buy expensive makeon.
b) She loves to buy expensive makeup.
c) She loves to buy expensive makeoff.

2. Meus amigos e eu tivemos uma festinha informal ontem à noite.

a) My friends and I had a get-together last night.
b) My friends and I had a together-get last night.
c) My friends and I had a get-with-us last night.

3. Quando eu era adolescente, sentia como se não me encaixasse socialmente com os outros.

a) When I was a teenager I felt like I didn't fit with.
b) When I was a teenager I felt like I didn't fit together.
c) When I was a teenager I felt like I didn't fit in.

4. Algumas pessoas se sentem nervosas durante a decolagem.

a) Some people feel nervous during take-off.
b) Some people feel nervous during take-of.
c) Some people feel nervous during take-out.

5. Preciso melhorar minhas habilidades em inglês.

a) I need to brush with my English skills.
b) I need to brush off on my English skills.
c) I need to brush up on my English skills.

6. Ela está crescendo muito rápido.

a) She is growing off very fast.
b) She is growing through very fast.
c) She is growing up very fast.

7. Estou em uma dieta, então estou diminuindo meu consumo de açúcar.

a) I'm on a diet, so I am cutting out my sugar consumption.
b) I'm on a diet, so I am cutting down my sugar consumption.
c) I'm on a diet, so I am cutting off my sugar consumption.

8. O shopping fechou depois de 15 anos.

a) The mall closed through after 15 years.
b) The mall closed about after 15 years.
c) The mall closed down after 15 years.

9. Você pode contribuir para comprar as pizzas?

a) Can you chip in to buy the pizzas?
b) Can you chip on to buy the pizzas?
c) Can you chip up to buy the pizzas?

10. Nós precisamos cancelar a reunião hoje.

a) We need to call off the meeting today.
b) We need to call on the meeting today.
c) We need to call up the meeting today.

11. Eu normalmente fico deitado à toa na cama aos domingos.

a) I usually lie on in bed on Sundays.
b) I usually lie around in bed on Sundays.
c) I usually lie off in bed on Sundays.

12. Ele sempre se safa com tudo.

a) He always gets with everything.
b) He always gets away with everything.
c) He always goes away with everything.

Confira as respostas no final do livro.

Tag questions

Parte I

Se você já chegou pelo menos ao nível intermediário e começou a formar frases, talvez já tenha cometido um erro tão pequeno que só perceberia ao gravar sua própria fala e escutar atentamente após o fato. É uma pequena mania, uma palavrinha de duas letras, que nós brasileiros acabamos adicionando ao final de muitas frases, e por não treinar o equivalente em inglês, por vezes usamos a própria palavra em português sem perceber. Já adivinhou que palavrinha é essa? A resposta é: "né".

E como podemos usar um equivalente em inglês sem dar muito na cara nossa mania tupiniquim? A boa notícia é que, sim, existem equivalências exatas em inglês, e a notícia não tão fantástica é que essa frase está no plural, ou seja, são várias as alternativas!

Bom, em primeiro lugar precisamos entender rapidamente que "né" nada mais é que a junção de duas palavras: "não é". A função dessa palavrinha, como você já sabe, é buscar uma confirmação positiva daquilo que acabou de ser dito ou perguntado.

Para explicar como utilizar usarei uma técnica de ensinamento com você. Vou apresentar vários exemplos de uso e quero que você preste bem atenção e tente identificar o padrão utilizado. Vamos experimentar?

Português: Ele é muito forte, né?
Ele é muito forte, não é?
Inglês: ***He is very strong, isn't he?***
He is very strong, is he not?

Português: Ela é muito inteligente, né?
Ela é muito inteligente, não é?
Inglês: ***She is very intelligent, isn't she?***
She is very intelligent, is she not?

Português: Eu estou mais alto este ano, né?
Eu estou mais alto este ano, não é (não estou)?
Inglês: ***I'm taller this year, am I not?***

Português: Nós estamos no caminho correto, né?
Nós estamos no caminho correto, não é (não estamos)?
Inglês: ***We're on the right path, aren't we?***
We're on the right path, are we not?

Português: Você acha que eu estou gorda, né?
Você acha que eu estou gorda, não é?
Inglês: ***You think I'm fat, don't you?***
You think I'm fat, do you not?

Português: Ela fala bastante, né?
Ela fala bastante, não é?
Inglês: ***She talks a lot, doesn't she?***
She talks a lot, does she not?

Português: Nós trabalhamos às segundas-feiras, né?
Nós trabalhamos às segundas-feiras, não é?
Inglês: ***We work on Mondays, don't we?***
We work on Mondays, do we not?

E então? Conseguiu decifrar o padrão utilizado? Vamos à explicação completa. Como você deve ter percebido, para buscar essa confirmação daquilo que acabamos de afirmar ou perguntar podemos utilizar uma forma contraída e uma forma mais extensa. Não existe diferença no uso ou no significado de ambas as formas, e nenhuma é mais ou menos formal que a outra. A pequena fórmula para tag questions é bem simples. Anote aí:

Padrão 1: Afirmação + verbo auxiliar na negativa + pronome.

Exemplo: **He is very strong.**

A frase principal é uma afirmação, então perceba que não utilizamos a inversão do verbo como em uma pergunta, o que seria "Is he very strong?". Após isso, temos o verbo auxiliar *is*. Colocando esse verbo na negativa, temos *isn't*. Depois disso, basta usar o pronome em questão: *he*. Resultado: He is very strong, isn't he? Viu como é simples?

Padrão alternativo: Afirmação + verbo auxiliar positivo + pronome + not.

Vamos manter a mesma frase base de exemplo: "He is very strong". Lembre-se de que não precisamos inverter nada, pois é simplesmente uma afirmação. Depois disso adicionamos o verbo auxiliar positivo *is*. O pronome em questão é *he*, e no final adicionamos a palavra *not*.

Resultado: **He is very strong, is he not?**

Perfeito, Fabiana! Mas e quando na frase base não há o verbo auxiliar como is, has, can, must etc.? É justamente aí que utilizamos o "do" e o "does" (para he, she, it) no presente. Se estivermos falando no passado, os verbos precisam demonstrar isso também, logicamente. Did, was, could etc., podem ser usados.

ACTION TIME!

Ok, vamos colocar em prática aquilo que acabamos de aprender. Adicione tag questions ao final de cada afirmação dentro dos dois padrões ensinados anteriormente.

Padrão 1

He is super good at that, _______?

She moves too fast, ___________?

They are always noisy, _________?

We can dance here, ___________?

Padrão alternativo

He is super good at that, _______?

She moves too fast, ___________?

They are always noisy, _________?

We can dance here, ___________?

I am always happy, ____________?*

* *Não se utiliza o* **padrão 1** *para "I am".*

Confira as respostas no final do livro

Parte II

Ok, agora que você é um mestre em tag questions, te lanço um desafio. O que devemos fazer quando a frase base já está na negativa? Vamos pegar esta frase base de exemplo: "She isn't feeling well". Se você disse "a tag question fica na positiva", parabéns! O segredinho em utilizar as tag questions é sempre esse: se a frase base está na positiva, a tag é negativa; e se a frase base está na negativa, a tag é positiva. Nesse caso, a frase ficaria: "She isn't feeling well, is she?". Não existe um padrão alternativo quando a frase base se encontra na negativa.

ACTION TIME!

Vamos treinar as tag questions cujas frases bases estão na negativa.

Padrão 1

He isn't super good at that, ______________?

They aren't always noisy, ________?

I am not always happy, __________?

She doesn't moves too fast, ______________?

We can't dance here, ___________?

Confira as respostas no final do livro

Slang and expressions

Em primeiro lugar, uma correção: a palavra slang é um substantivo não contável e, portanto, não existe no plural. Assim como information, dizemos "some slang" e jamais "a slang" ou "slang". Ok? Perfeito. Em segundo lugar, vamos explorar um pouco de slang, ou seja, palavreado informal e gírias. Vamos ver também algumas expressões. Confira comigo algumas bem comuns, tanto na América do Norte quanto no Reino Unido.

American slang and expressions

SLANG/EXPRESSION	TRADUÇÃO	EXEMPLO
Chick	Garota	That blond chick is very loud.
'Sup?	E aí?	'Sup with you today?
Legit	Legítimo, real, aprovado	I'm not joking, this is legit.
Cop	Policial	They were hiding from the cops in that old house.
Apples and Oranges	Coisas diferentes que não merecem comparação	It's not fair to compare Bob to Hugh, it's like apples and oranges.
Crap	Fezes, algo ruim	I only have this much in my account? That's crap!
Fishy	Estranho, suspeito	This opportunity is a bit fishy, I don't know if I trust it.

Continua

Continuação

SLANG/EXPRESSION	TRADUÇÃO	EXEMPLO
Take-out	Comida/restaurante para comer em casa	I like to eat chinese take-out on Friday nights.
Bail	Desistir	He was going to come but bailed at the last moment.
Pig out	Comer demasiadamente	Johnny pigs out every time he goes to that burger place.
Sweet	Legal	I found some money in my coat pocket, sweet!
Buck	1 dólar	I need 20 bucks to buy that bottle of wine.
Pass the buck	Passar a responsabilidade para outra pessoa	I called the company but the person passed the buck to someone else.
Plead the fifth	Usar o direito de ficar calado	Some guilty suspects plead the fifth so that they don't say anything incriminating.
Screw up	Estragar algo	I was writing a letter but screwed up and had to start again.
Jerk	Uma pessoa (normalmente homem) idiota	I can't believe he treated you this way, what a jerk!
Knock	Falar mal de	They're knocking their parents now, but they will regret it when they're older.
Freak out	Pirar	He freaked out on me because I was five minutes late.

British slang and expressions

SLANG/EXPRESSION	TRADUÇÃO	EXEMPLO
Bonkers	Louco/loucura	There were millions of people in the streets, it was bonkers!
Dead on	Exatamente	He was dead on when he complained about that service.

SLANG/EXPRESSION	TRADUÇÃO	EXEMPLO
Blimey	Caramba!	You were hit by a car? Blimey!
Mate	Amigo	What time is it, mate?
Knackered	Exausto(a)	I was knackered after the party.
Gutted	Decepcionado ao extremo	Dory was gutted to know that she hadn't passed her driving test again.
Gobsmacked	Surpreso ao extremo	They were gobsmacked to know they had won the lottery.
Cheers	Valeu! Obrigada!	Cheers for bringing me home!
Taking the mick	Tirando sarro	He's taking the mick because he is drunk.
Dodgy	Estranho, suspeito	I don't know about that guy, he looks very dodgy.
GP	Clínica Médica	I went to the GP, but he said it's nothing serious.
Hunky-Dory	Ok	Everything was hunky-dory until she came home angry.
Having a laugh	Tirando o sarro	He had a serious face, but I know he was just having a laugh.
Rubbish	Lixo, porcaria	He only gave you this much for your car? That's rubbish!
Peckish	Um pouco faminto	I'm feeling a bit peckish, do you want to grab a snack with me?
Smashing	Excelente	You got the job? Smashing!
Snog	Beijar	The teenagers were at the party to dance and snog.
Chuffed to bits	Muito orgulhoso/ satisfeito	I was chuffed to bits when I saw my son riding a bike for the first time.
Telly	Televisão	Mary was watching telly but she fell asleep quickly.

Continua

Continuação

SLANG/EXPRESSION	TRADUÇÃO	EXEMPLO
Chippy	Lanchonetes onde se vendem batatas fritas com peixe	We will go to the chippy and get some fish and chips for us all.
Quid	1 libra esterlina	I didn't have the eighty quid I needed to buy those shoes.

Agora você deve estar se perguntando: "Ok, mas o que eu faço com essas expressões?". Pois bem, se você tentar simplesmente adicionar gírias aqui e ali em suas frases, certamente soará um pouco forçado. Na verdade, você nem precisa utilizá-las. O importante mesmo é compreender e saber utilizar quando o momento for apropriado. Na maioria dos casos, não é preferível utilizar a linguagem informal, principalmente em provas de proficiência! Quando entre amigos, não há problema algum em utilizar as palavras aqui demonstradas, e nenhuma delas é de baixo calão.

ACTION TIME!

Escolha a melhor opção informal:

1. I would love to watch TV, but I need to work out.

a) I would love to watch telly, but I need to work out.

b) I would love to watch television, but I need to work out.

2. He gave up on the deal five minutes ago.

a) He abandoned the deal five minutes ago.

b) He bailed on the deal five minutes ago.

3. Thank you.

a) Cheers.

b) Thank you ever so much.

4. It's Ok, this only cost me three dollars.

a) It's Ok, this only cost me three currency units.

b) It's Ok, this only cost me three bucks.

5. They lost control when they heard they were going to Disney.

a) They freaked out when they heard they were going to Disney.

b) They went crazy when they heard they were going to Disney.

6. This sandwich costs four pounds.

a) This sandwich costs four pounds sterling.

b) This sandwich costs four quid.

7. I asked who had eaten the cookies but he kept quiet.

a) I asked who had eaten the cookies but he pled the fifth.

b) I asked who had eaten the cookies but he didn't talk.

8. I arrived home completely exhausted.

a) I arrived home completely knackered.

b) I arrived home completely tired.

9. He became a police officer at 22 years of age.

a) He became a policeman at 22 years of age.

b) He became a cop at 22 years of age.

10. James was disappointed when Sarah broke up with him.

a) James was gutted when Sarah broke up with him.

b) James was deceptioned when Sarah broke up with him.

11. We went down to the fish and chip restaurant last night.

a) We went down to the chippy last night.

b) We went down to the fish and chip shop last night.

12. How are you?

a) 'Sup?

b) How are you doing?

13. That girl was too young to be with him.

a) That lady was too young to be with him.

b) That chick was too young to be with him.

14. Ronny was a real idiot when he laughed at us.

a) Ronny was a real jerk when he laughed at us.

b) Ronny was a real fool when he laughed at us.

Confira as respostas no final do livro

Ditados populares

Assim como em nossa língua portuguesa, no idioma inglês podemos expressar vários pensamentos e crenças populares por meio de ditados, mais conhecidos como *sayings*. Alguns têm equivalência total com ditados populares em português. Outros nem tanto. Vamos observar alguns dos mais utilizados.

DITADO	EQUIVALENTE
It's raining like cats and dogs.	Está chovendo para caramba.
Better late than never.	Antes tarde do que nunca.
The apple doesn't fall far from the tree.	Filho de peixe peixinho é.
Better safe than sorry.	É melhor prevenir do que remediar.
Bad news travels fast.	Notícia ruim chega depressa.
To kill two birds with one stone.	Matar dois coelhos com uma paulada só.
The early bird gets the worm.	Deus ajuda quem cedo madruga.
A picture paints a thousand words.	Uma imagem vale mais que mil palavras.
An idle brain is the devil's workshop.	Mente vazia é oficina do diabo.
Don't put all your eggs in one basket.	Não coloque todos os ovos na mesma cesta.
Laughter is the best medicine.	Rir é o melhor remédio.
You are what you eat.	Você é aquilo que come.
A barking dog seldom bites.	Cão que late não morde.

Continua

Continuação

DITADO	EQUIVALENTE
To cost an arm and a leg.	Custar o olho da cara.
Beauty is in the eye of the beholder.	A beleza está nos olhos de quem vê.
Out of sight, out of mind.	O que os olhos não veem o coração não sente.
It's better to be alone than in bad company.	Antes só que mal acompanhado.
The best things in life are free.	As melhores coisas na vida são gratuitas.
Don't judge a book by its cover.	Não julgue pelas aparências.
Distance makes the heart grow fonder.	A distância fortalece o amor.
Every cloud has a silver lining.	Tudo tem seu lado bom.
It's easier said than done.	É mais fácil falar do que fazer.
Hope springs eternal.	A esperança é a última que morre.
One for all, all for one.	Um por todos e todos por um.
The first step is the hardest.	O primeiro passo é o mais difícil.
A fool and his money are easily parted.	Um tolo e seu dinheiro facilmente se separam.
Don't cast your pearls before swine.	Não dê pérolas aos porcos.
Love is blind.	O amor é cego.
Home is where the heart is.	O lar é onde está o coração.
Ignorance is bliss.	Ignorância é uma maravilha.
It never rains but it pours.	Problemas sempre chegam aos montes.
Don't cry over spilt milk.	Não chore pelo leite derramado.
It takes all sorts (to make a world).	Todo o tipo de gente é necessário para fazermos um mundo diverso.
In the land of the blind, the one-eyed man is king.	Em terra de cego, quem tem um olho é rei.
Knowledge is power.	Conhecimento é poder.
Great minds think alike.	Mentes brilhantes pensam igual.
Learn to walk before you can run.	Aprenda a andar, e só depois a correr.
Lighting never strikes twice.	Raios não caem no mesmo lugar mais de uma vez.

DITADO	EQUIVALENTE
Like father, like son.	Tal pai, tal filho.
Misery loves company.	Miséria adora companhia.
No man is an island.	Ninguém pode viver sem os outros.
No pain, no gain.	Sem dor não se ganha nada.
One man's trash is another man's treasure.	O lixo de um é o tesouro de outro.
Practice makes perfect.	O treino leva à perfeição.
Walk the walk.	Ponha em prática o que você prega.
Pride comes before a fall.	O orgulho precede a queda.
Rome was not built in a day.	Não tenha pressa.
The end justifies the means.	O fim justifica o meio.
Time heals all wounds.	O tempo cura tudo.
Two wrongs don't make a right.	Dois erros não fazem um acerto.
Truth is stranger than fiction.	A verdade é mais estranha que a ficção.
Time is money.	Tempo é dinheiro.
If you can't take the heat, get out of the kitchen.	Se você não aguenta a pressão, saia.
Variety is the spice of life.	Variedade é o tempero da vida.
Waste not, want not.	Não desperdice e nunca passará necessidade.
If walls could talk...	Se as paredes falassem...
When the cat's away, the mice play.	Quando o chefe não está, a festa começa.
When in Rome, do as the Romans do.	Quando estiver em um lugar novo, adapte-se a ele.
You can't teach an old dog new tricks.	Não se ensina a um cão velho novos truques.
You scratch my back and I'll scratch yours.	Uma mão lava a outra.
You're never too old to learn.	Nunca é tarde para aprender.

ACTION TIME!

Por ser uma lista extensa, de nada adianta você simplesmente passar os olhos rapidamente sobre alguns ditados sem internalizá-los. Para maior fixação, escolha seus "sayings" favoritos e faça uma ligação com fatos reais que tenham acontecido em sua vida.

Siga o exemplo:

Saying:

You're never too old to learn.

Situação real:

Verdade! Tive um aluno de 71 anos que aprendeu bastante.

Now it's your turn! Agora é a sua vez!

Saying:

Situação real:

Saying:

Situação real:

Saying:

Situação real:

Saying:

Situação real:

Saying:

Situação real:

Saying:

Situação real:

Saying:

Situação real:

Saying:

Situação real:

Falsos cognatos

Existe uma categoria de palavras que podem lhe causar alguns problemas. Refiro-me aos falsos cognatos, que são aquelas palavras incrivelmente parecidas com outras palavras em português, mas que têm um significado diferente do que você imagina. Não existe uma regra para saber quando você irá deparar com um falso cognato, então sugiro o seguinte: risque todas as palavras que já sabe usar em inglês desta lista a seguir (vocabulário ativo) e utilize duas ou três por dia nas suas atividades determinadas pelo seu regime de estudo. Desse modo, essas palavras pouco a pouco passarão a fazer parte de seu vocabulário ativo.

PALAVRA EM INGLÊS	TRADUÇÃO CORRETA	SE PARECE COM...	TRADUÇÃO EM INGLÊS
Actual	Verdadeiro	Atual	Current
Actually	Na verdade	Atualmente	Currently
Agenda	Pauta	Agenda	Diary
Alias	Nome falso	Aliás	Besides/By The Way
Apparel	Vestuário	Aparelho	Equipment
Application	Inscrição	Aplicação	Investment
Appoint	Nomear	Apontar	To point to / at
Assist	Ajudar	Assistir	Watch
Assume	Presumir	Assumir	Admit

Continua

Continuação

PALAVRA EM INGLÊS	TRADUÇÃO CORRETA	SE PARECE COM...	TRADUÇÃO EM INGLÊS
Attend	Assistir/ Participar de	Atender	Answer the phone/door etc.
Balcony	Varanda	Balcão	Counter
Beef	Carne de boi	Bife	Steak
Bond	Vínculo	Bonde	Tram
Camp	Acampamento	Campo	Field
Cargo	Carga	Cargo	Position
Carton	Caixa de papelão	Cartão	Card
Chef	Chefe de cozinha	Chefe	Boss
Cigar	Charuto	Cigarro	Cigarette
College	Faculdade	Colégio	School
Comprehensive	Abrangente	Compreensivo	Understanding
Confident	Confiante	Confidente	Confidant
Contest	Concurso	Contestar	To challenge
Costume	Fantasia (roupa)	Costume	Habit/Custom
Curse	Maldição	Curso	Course
Data	Informação	Data	Date
Deception	Enganação	Decepção	Disappointment
Dent	Amasso	Dente	Tooth
Discussion	Debate	Discussão	Argument
Diversion	Desvio	Diversão	Fun
Estate	Patrimônio	Estado	State
Eventually	Finalmente	Eventualmente	Occasionally
Exquisite	Chique/Elegante	Esquisito	Strange
Fabric	Tecido	Fábrica	Factory
Figure	Número	Figura	Image
Grip	Tração	Gripe	Flu
Idiom	Expressão idiomática	Idioma	Language

PALAVRA EM INGLÊS	TRADUÇÃO CORRETA	SE PARECE COM...	TRADUÇÃO EM INGLÊS
Journal	Diário	Jornal	Newspaper
Lamp	Abajur	Lâmpada	Light bulb
Large	Grande	Largo	Wide
Legend	Lenda	Legenda	Subtitles
Library	Biblioteca	Livraria	Bookshop
Liquor	Bebida alcoólica em geral	Licor	Liqueur
Lunch	Almoço	Lanche	Snack
Magazine	Revista	Magazine	Store
Mascara	Rímel	Máscara	Mask
Miserable	Tristonho	Miserável	Mean
Motto	Lema	Moto	Motorbike
Parent	Pai/Mãe	Parente	Relative
Particular	Específico	Particular	Private
Pasta	Massa (macarrão)	Pasta (escritório)	Folder
Patron	Padroeiro	Patrão	Boss
Physician	Médico	Físico	Physicist
Policy	Política (regras)	Polícia	Police
Pork	Carne de porco	Porco	Pig
Preservative	Conservante	Preservativo	Condom
Pretend	Fingir	Pretender	Intend
Push	Empurrar	Puxar	Pull
Realize	Perceber	Realizar	Fulfill
Recipient	Beneficiário	Recipiente	Container
Record	Gravar	Recordar	Remember
Requirement	Requisito	Requerimento	Petition
Resume	Continuar	Resumir	Summarize
Retired	Aposentado	Retirada	Withdraw

Continua

Continuação

PALAVRA EM INGLÊS	TRADUÇÃO CORRETA	SE PARECE COM...	TRADUÇÃO EM INGLÊS
Rim	Borda	Rim	Kidney
Scholar	Culto/Estudado	Escolar	School + Substantivo
Senior	Idoso	Senhor	Sir
Sensible	Sensato	Sensível	Sensitive
Shoot	Atirar	Chutar	Kick
Stupid	Burro	Estúpido	Rude
Sympathetic	Solidário	Simpático	Nice
Sympathy	Compaixão	Simpatia	Liking
Tax/Taxation	Imposto	Taxa	Fee
Toss	Revirar	Tosse	Cough

ACTION TIME!

Responda a este quiz sobre os falsos cognatos. Quantos você consegue acertar?

1. Ele pretende ir ao jogo no sábado.

a) He pretends to go to the game on Saturday.

b) He intends on going to the game on Saturday.

2. Sheila se recorda daquele verão.

a) Sheila remembers that summer.

b) Sheila records that summer.

3. Bob e Craig acreditam que imposto é roubo.

a) Bob and Craig believe that impost is theft.

b) Bob and Craig believe that taxtion is theft.

4. James é meu parente.

a) James is my parent.

b) James is my relative.

5. Meu dente estava me dando problemas.

a) My dent was giving me problems. b) My tooth was giving me problems.

6. Aquele lanche estava delicioso.

a) That snack was delicious. b) That lunch was delicious.

7. Ele é supersimpático.

a) He is super nice. b) He is super sympathetic.

8. Puxe para abrir.

a) Push to open. b) Pull to open.

9. Peguei o bonde no centro do Rio de Janeiro.

a) I took the bond in Rio de Janeiro's city centre. b) I took the tram in Rio de Janeiro's city centre.

10. Fiz um curso de logística.

a) I took a course in logistics. b) I took a curse in logistics.

11. Finalmente vou realizar esse sonho!

a) I will finally realize this dream. b) I will finally fulfill this dream.

12. Isso é uma lenda urbana.

a) That is an urband lend. b) That is an urband legend.

13. A porta diz "empurre".

a) The door says "push". b) The door says "pull".

14. Ele está chutando a porta.

a) He is kicking the door. b) He is shooting the door.

15. Ela saiu do colégio.

a) She left college.
b) She left school.

16. Aquele pedaço de papel é bem largo.

a) That piece of paper is very wide.
b) That piece of paper is very large.

17. Ele é poliglota; fala muitas línguas.

a) He is a polyglot; he speaks many idioms.
b) He is a polyglot; he speaks many languages.

18. Eles eram os donos atuais da casa.

a) They were the actual owners of the house.
b) They were the current owners of the house.

19. Argentinos adoram comer bife.

a) Argentinians love eating steak.
b) Argentinians love eating beef.

20. Ele estudou muito para se tornar um físico.

a) He studied a lot to become a physician.
b) He studied a lot to become a physicist.

21. Prefiro ter aulas particulares.

a) I prefer to have particular classes.
b) I prefer to have private classes.

Confira as respostas no final do livro

Answer key

Página 27 — Answer key: Star students

1) Ouça muito. Ouça sempre. Ouça com atenção.

2) Dedução

3) Prática

Página 31 — Answer key: Learning Timeline

1) O estalar dos ouvidos é o momento no qual o aluno passa a entender a língua falada bem melhor do que anteriormente.

2) Dentro de alguns meses.

Página 38 — Answer key: Perfect Timeline

1) Vocabulário

2) Listening

3) Speaking

4) Aos poucos

Página 86 — Answer key: Prática × Informação

1) Para eu ter sucesso em tal área, precisarei ter mais informação ou mais prática?

2) Esse curso me oferece a proporção certa de prática?

R: 80% de prática e 20% de informação.

Vocabulário, tradução e gramática.

Página 88 — Answer key: Vocabulário ativo × passivo

Vocabulário ativo é aquele que você não somente entende, mas também sabe como utilizar em frases completas. Já o vocabulário passivo é aquele que você entende o suficiente para extrair o sentido de uma frase, mas não sabe ao certo como utilizar ou mesmo pronunciar e escrever.

Página 102 — Answer key: Quando o uso do Present Perfect é obrigatório

Ele corre há um ano. > He has been running for one year./He has been running for a year.

David e Joanna estão juntos há três meses. > David and Joanna have been together for three months.

O menino fala há 2 meses. > The boy has spoken for two months.

Página 143 — Answer key: Business English

1) a) My paycheck came with 10% more than usual.

2) b) The middleman between company A and B doesn't make much money.

3) a) Our boss in accounting will be turning 50 next week.

4) a) The outbound sales team reached the target this month!

5) b) There are many bills to pay, but we have no debt.

6) a) This retail store is enormous.

7) b) Her pitch was excellent, she closed the sales like a master.

8) b) These crazy offers helped our sales.

9) b) R&D is a very expensive area, but it generates a return.

10) a) Our cashflow is very healthy this quarter.

11) b) The wholesaler charges less.

12) b) The accounting department is full of very serious people.

Página 147 — Answer key: Legal English

1) a) Bankrupt

2) b) Labour dispute

3) b) Power of Attorney

4) a) Witness

5) b) Judge

6) c) Lawsuit

7) c) Evidence

8) a) Sentence

9) a) District Attorney

10) c) Appeal

11) b) Guilty

12) c) Jurisdictions

Página 160 — Answer key: Preffix/Suffix

Prefixos:

Overdo, overcook, oversell, undercook, undercharge, underperform, underpay, misbehave, misunderstand, mistake, prepare, preschool, preapprove, counterattack, counterclockwise, counterbalance.

Sufixos:

Careless, hopeless, worthless, powerless, sugar-free, worry-free, trouble-free, possible, believable, reachable, unforgetable, accessible, audible, convertible, possible, waterproof, foolproof, breakproof, bulletproof, health-wise, money-wise, newsworthy, trustworthy.

Página 175 — Answer key: Currículo

1) 2

2) a) Bolsas científicas e diretores de empresas

3) a) "Dear sir/madam"

4) c) Pessoas que atestem a qualidade de nosso trabalho

5) b) Mês, dia, ano

Página 179 — Dictations

Dictation 1:

Is this a man? No, it isn't a man; it's a woman. Is this a girl? No, it isn't a girl; it's a boy. Is a man non-specific? Yes, a man is non-specific. Is the man specific? Yes, the man is specific. The man isn't bad; the man is good. What color is this car? It's green, red and blue. We like good food. We don't like bad food. Do they like money? Yes, they like money. Do they like problems? No, they don't like problems. A new car isn't slow; it's fast. One, two, three, four, five.

Dictation 2:

Does he like bad cars? No, he likes good cars. Does she like old houses? Pretty is feminine and handsome is masculine. She's is the contraction of she is. He's is the contraction of he is. Is he a dog? No, he isn't a dog; he's a boy. Ugly is the opposite of pretty and handsome.

Six, seven, eight, nine, ten. Singular is one. Plural is two or more. Person is singular; people is plural. I'm the student and you're the teacher. I'm is the contraction of I am. You're is the contraction of you are.

Dictation 3:

They're is the contraction of they are. We're is the contraction of we are. Is David a woman?

No, David isn't a woman; he's a man. Is he from the USA? Yes, he's from the USA. Is she from the UK? Yes, she's from the UK. California is a state and London is a city. Eleven, twelve, thirteen, fourteen, fifteen. Brazil and Canada aren't the same size. Spain is a medium-sized country. Ireland is a small country. We're two people.

Dictation 4:

The table is here and the window is there. Is the window there? Is the pen there? Sixteen, seventeen, eighteen, nineteen, twenty. You go to the gym. I go to the gym. She goes to the gym. He goes to the gym. We go to the gym. They go to church. It doesn't go to church. I go to work.

You go to work. We go to work. This picture is yellow, black and white. Yes, I like black and white pictures. No, I don't like black and white pictures.

Dictation 5:

No, the grass isn't red; the grass is green. An apple isn't white. No, the sun isn't blue; the sun is yellow. The sky is blue. Floor, ceiling, chair, light. The man is under the car. Is the boy under the car? No, he's in the car. Count from twenty-one to twenty-nine, please. Twenty-three, twenty-four, twenty-five, twenty-six, twenty-seven, twenty-eight, twenty-nine. Thirty, Forty, Fifty, Sixty. Can you sing or play instruments? We can't say you is good, but we can say you are good.

Dictation 6:

Hand, face, telephone, computer. This table is near, but that door is far. Far means distant. Is Canada far from Ireland? That is your computer. This face is mine. That phone is yours. That computer is yours. Seventy-seven, eighty-eight, ninety-nine. We don't say two hundreds, three thousands, five millions. We can say I work in the morning, but not I work on the morning. Afternoon, evening, night. This is my lesson and your lesson, so this is our lesson.

Dictation 7:

That is his and her house, so that is their house. That's is the contraction of that is. Is that his house? Yes, that's his house. Is that her house? Yes, that's her house. Come is the opposite of go. We say he comes, she comes, it comes. He comes back from work. This lesson is ours. This school is ours. Eat, drink, sleep, use. The word this is singular and the word these is plural. Are those people good-looking?

Dictation 8:

A group of words forms a sentence. A group of words makes a sentence. A thing is an object or abstract item. The sun is a large thing. We use which for a limited number of things. Which part of the day is this? Which letter is this? These are the letters of the alphabet. A, B, C, D, E, F, G, H, I, J, K, L, M, N, O, P, Q, R, S, T, U, V, W, X, Y, Z.

Dictation 9:

That is his and her house, so that house is theirs. That is his and her car, so that car is theirs. Is that face his? No, that face isn't his; it's hers. For things and animals, we use its, not his or hers. I eat before school. I talk during my work. I sleep after school. I don't have a green car. Dogs and cats do funny things. He has a medium-sized house. She has a small black car. We say one child, but two children. Water, beer and juice are popular drinks. I drink both water and juice.

Dictation 10:

What's his surname? What's the first letter of the alphabet? A is the first letter of the alphabet. B is the second letter of the alphabet. C is the third letter.This glass is full, but that glass is empty. We both say hello at the beginning of the lesson. They say goodbye at the end of the lesson. Fourth, fifth, sixth, seventh. I know my name. I don't know what you have in your car. We know that girl. The children are in front of the desk. The house is behind the man and the woman.

Dictation 11:

David and Jessica are beside each other. Do we answer questions during the lesson? Yes, we answer questions during the lesson. I am, you are, he is, she is, it is, we are, they are are forms of the verb to be. We don't drink beer with salt, right? We don't eat meat with sugar, right? Yes, that's right. Some rice, some bread, some meat. We can say some salad or a salad. Right means correct. Wrong means incorrect.

Dictation 12:

This is the Brazilian flag. This flag is red, blue and white. I look at you in general, but I'm looking at you now. What am I doing now? I'm talking to you now. I say hello to him and to her. Say good morning to them, please. They're looking at us. Do people work from Monday to Friday? Monday, Tuesday, Wednesday, Thursday, Friday, Saturday, Sunday. Those are the days of the week.

Página 184 — Answer key: A university × An university

1) He chose a university that was close to home.

2) They saw a one legged man playing the piano.

3) Sadie had an eye operated last week.

4) I had an apple for lunch.

5) She had a unique taste in handbags.

6) She had a very unique taste in handbags.

Página 185 — Answer key: Thank God

1) Valeu (obrigado), Deus.

2) Graças a Deus.

Página 185 — Answer key: Doubt

1) I have a question.

2) I have doubts about.

Página 192 — Answer key: Should have gone × Should have went

1) They should have **gone** yesterday.

2) Frase correta

3) We could have **gone** with them.

Página 193 — Answer key: Could have/Should have/ Would have × Could of/Should of/Would of

1) I would have talked to him if he would **have** been here.

2) They could **have** taken the leftover pizza with them.

3) Frase correta

4) The kids should **have** played outside.

Página 194 — Answer key: It's x Its

Na frase acima, "it's" deve vir com um apóstrofo pois é a junção da palavra "it" e a palavra "is".

Página 195 — Answer key: You're × Your

You're é a contração de you + are. Ou seja, você é. Já "your" quer dizer "teu/tua".

Página 196 — Answer key: They're × Their × There

There dog was nice and fluffy. *There*, na verdade, deveria ser *Their*, significando "deles".

Página 197 — Answer key: Accept × Except

1) She cannot **accept** what you're telling her.

2) I like going to the park, **except** when it is snowing.

Página 198 — Answer key: Regardless × Irregardless

Em nenhum momento.

Página 199 — Answer key: Than × Then

1) I like chocolate more **than** fruit.
2) We shower, **then** go to work.
3) We are happier today **than** yesterday.

Página 202 — Answer key: Do x Make

1) The exercises we have to DO are: adding and flipping.
2) She likes to MAKE comments about everything in her area.
3) To MAKE money is easier when you have the right attitude.
4) He was scared to MAKE a mistake when riding his bike for the first time.
5) Please MAKE a list of all the people in this room.
6) Sometimes he needs to DO work around the house to help his wife.
7) It's a good idea to MAKE a plan before travelling.
8) To DO business, you need to be a good listener.
9) Ed MAKES his bed every morning.
10) Homework is something most children have to DO, whether they like it or not.
11) You always ask me to DO so many favors.
12) Children usually MAKE a mess when playing in the sand.
13) In sports, only those who DO their best win.
14) Before you MAKE a decision, it's good to think well.

Página 206 — Answer key: Siglas

1) They saw a bright unidentified flying object in the middle of the night.
2) My child was recently diagnosed with attention deficit disorder.
3) In the United Kingdom, people have different accents if compared to the United States of America.
4) Could you please deliver this package to Amy as soon as possible?
5) Send me a private message and I will get back to you soon.
6) For your information, I left some milk for you in the fridge.
7) He was rolling on the floor laughing when his girlfriend told him that joke.

8) Please put in your name, address and date of birth on this form.

9) By the way, don't touch that, I will be right back.

10) The letter said: For the attention of Susy Oldman.

11) I don't know if I will be going on holiday this year.

12) My daughter thinks I'm an automatic teller machine!

Página 210 — Answer key: Abreviações

1) She lived on Hatham Ave.

2) Dr Janet Oliver was having a difficult day.

3) If you turn right and walk for 300 meters, you will find Time Sq.

4) Is 9pm too late to go to dinner?

5) Nick worked hard to get a job that paid 150k p.a.

6) Mr Rogers knows a lot about investing in stocks.

7) I bought 7lbs of fresh fish for tonight!

8) He needed 14 oz of milk for the recipe.

9) She lives near St James' park

10) Jubilee St was filled with people.

Página 211 — Answer key: Adjectives

1) We had a GREAT day.

2) The BLUE ball rolled downhill.

3) That is a FAST car.

4) The FAT dog is mine.

5) The HOT water is in the cup.

6) The SMALL key is in my hand.

Página 217 — Answer key: Can I have an information

1) Elisha had three pieces of furniture which he needed to sell.

2) We drank some milk in the morning.

3) I felt some electricity running through my body.

4) Can you please give me some information?

5) I need some professional advice.

6) Kids love to put some butter on bread. — Frase correta.

7) There was some snow on the car in the morning.

8) I like to listen to some music in the car. — Frase correta.

9) I created a piece of software that makes me work faster.

10) Could I have some bread, please? — Frase correta.

Página 232 — Answer key: Phrasal verbs

1) b) She loves to buy expensive makeup.

2) a) My friends and I had a get together last night.

3) c) When I was a teenager I felt like I didn't fit in.

4) a) Some people feel nervous during take off.

5) c) I need to brush up on my English skills.

6) c) She is growing up very fast.

7) b) I'm on a diet, so I am cutting down my sugar consumption.

8) c) The mall closed down after 15 years.

9) a) Can you chip in to buy the pizzas?

10) a) We need to call off the meeting today.

11) b) I usually lie around in bed on Sundays.

12) b) He always gets away with everything.

Página 238 — Answer key: Tag questions — Parte I

Padrão I:
Isn't he/is he not
Aren't they/are they not

Padrão alternativo:
Doesn't she/does she not
Can't we?/Can we not?
Am I not?

Página 239 — Answer key: Tag questions — Parte II

Is he
Are they

Am I
Does she
Can we

Página 244 — Answer key: Slang and expressions

1) a) I would love to watch telly, but I need to work out.

2) b) He bailed on the deal five minutes ago.

3) a) Cheers.

4) b) It's OK, this only cost me three bucks.

5) a) They freaked out when they heard they were going to Disney.

6) b) This sandwich costs four quid.

7) a) I asked who had eaten the cookies but he pled the fifth.

8) a) I arrived home completely knackered.

9) b) He became a cop at 22 years of age.

10) a) James was gutted when Sarah broke up with him.

11) a) We went down to the chippy last night.

12) a) 'Sup?

13) b) That chick was too young to be with him.

14) a) Ronny was a real jerk when he laughed at us.

Página 256 — Answer key: Falsos cognatos

1) b) He intends on going to the game on Saturday.

2) a) Sheila remembers that summer.

3) b) Bob and Craig believe that taxation is theft.

4) b) James is my relative.

5) b) My tooth was giving me problems.

6) a) That snack was delicious.

7) a) He is super nice.

8) b) Pull to open.

9) b) I took the tram in Rio de Janeiro's city centre.

10) a) I took a course in logistics.

11) b) I will finally fulfill this dream.

12) b) That is an urband legend.

13) a) The door says "push".

14) a) He is kicking the door.

15) b) She left school.

16) a) That piece of paper is very wide.

17) b) He is a polyglot; he speaks many languages.

18) b) They were the current owners of the house.

19) a) Argentinians love eating steak.

20) b) He studied a lot to become a physicist.

21) b) I prefer to have private classes.